COMUNICAÇÃO ABERTA

No Caminho da Cultura do Diálogo

COMUNICAÇÃO ABERTA

No Caminho da Cultura do Diálogo

Gustavo Gomes de Matos

Copyright© 2015 Editora Manole Ltda., por meio de contrato com o autor.

Editor gestor: Walter Luiz Coutinho
Editora responsável: Ana Maria da Silva Hosaka
Produção editorial: Marília Courbassier Paris,
Rodrigo de Oliveira Silva, Amanda Fabbro
Editora de arte: Deborah Sayuri Takaishi

Coordenação editorial,
projeto gráfico e diagramação:
Know-How Editorial
Capa: Rubens Lima

Dados Internacionais de Catalogação na Publicação (CIP)
(Câmara Brasileira do Livro, SP, Brasil)

Matos, Gustavo Gomes de
    Comunicação aberta : no caminho da cultura do
diálogo / Gustavo Gomes de Matos. -- Barueri,
SP : Manole, 2015.

    Bibliografia.
    ISBN 978-85-204-4145-9

    1. Comunicação na administração 2. Comunicação -
Aspectos sociais 3. Comunicação - Gestão
4. Comunicação na empresa 5. Comunicação nas
organizações 6. Cultura organizacional 7. Diálogo
8. Gestão participativa I. Título.

15-01834   CDD-306.4
            Índices para catálogo sistemático:
    1. Comunicação : Cultura   306.4

Todos os direitos reservados.
Nenhuma parte deste livro poderá ser reproduzida, por qualquer processo,
sem a permissão expressa dos editores. É proibida a reprodução por xerox.

A Editora Manole é filiada à ABDR – Associação Brasileira de Direitos Reprográficos.

1ª edição – 2015

Editora Manole Ltda.
Av. Ceci, 672 – Tamboré
06460-120 – Barueri – SP – Brasil
Tel.: (11) 4196-6000 – Fax: (11) 4196-6021
www.manole.com.br
info@manole.com.br

Impresso no Brasil
Printed in Brazil

Agradecimentos

Dedico este livro aos meus amados e queridos pais, Francisco e Maria Lucia, e à minha querida e amada filha, Maria Fernanda, sempre aberta à comunicação e ao debate de ideias.

Agradecimento especial à Manole e a sua competente equipe de profissionais pela viabilização deste projeto editorial. Sou muito grato também a Vânia Cavalcanti, pelo alto grau de profissionalismo e qualidade no trabalho de revisão da obra.

POESIA: A ORIGEM DA COMUNICAÇÃO I

Na caverna iluminada, afrescos pré-históricos registram a busca da estética mágica. Nos gestos estáticos da pintura, o movimento da dança e da caçada. Fome de beleza. Desejo e temor grafados pelas tintas indeléveis do espírito. Situar-se é uma questão de estado d'alma. O real é fruto do espanto e da perplexidade. Por que limitar a vida a uma mera explicação? É hora de maravilhar-se, o dia sucederá à noite. A terra é fecunda, dá muitos frutos e a mulher amada está à espera apenas de carícias sinceras. A beleza é óbvia e oceânica. Encontra-se no silêncio dos espaços vazios preenchidos pelos horizontes dos nossos sonhos. O brilho no olhar viaja na velocidade da luz interior. Potência cósmica de transformação. Mãos abertas tatuadas na pedra. Constante vontade de reinventar-se pelo caminho da comunicação e do relacionamento humano.

POESIA: A ORIGEM DA COMUNICAÇÃO II

O chão incandescente distorce a visão do horizonte. Mas o olhar navegante do artista exorbita da sua fronte. Vai além do fato concreto e exato. Saboreia as texturas da diversidade. O céu azul, o ar quente e a disposição para o ato poético de sorrir com o rosto nu ao vento. Vida e arte na mais pura cumplicidade. Os sons do silêncio e miudezas do cotidiano. É preciso ter ouvidos itinerantes para sorver a musicalidade da existência. Sementes verdes e viçosas chacoalham em galhos secos voltados para o céu.

Pintura rupestre da "Caverna das Mãos" (7.350 a.C.), Província de Santa Cruz, na Patagônia, Argentina. Um dos primeiros registros humanos de comunicação e expressão (período Paleolítico). Reprodução factual de um patrimônio mundial da Unesco.

Sumário

Prefácio		XI
Introdução		XIII
1.	Você é uma pessoa aberta ao diálogo?	1
2.	Você sabe ouvir?	4
3.	O silêncio também fala	6
4.	Antes de falar, ponha-se a ouvir e pensar	9
5.	Relacionamento é a base do sucesso na vida	11
6.	Comunicação sem complicação	13
7.	Falta de *feedback* é fatal	16
8.	Comunicar é uma ação educativa	21
9.	Rompendo barreiras na interação humana	25
10.	Comunicação estratégica para empresas familiares	31
11.	Linha aberta para o empreendedorismo	34
12.	Administração sem burocratização	37
13.	Falta de comunicação desintegra pessoas e equipes	39
14.	Hipermodernidade sem sentido	42
15.	A sutileza da percepção	44
16.	Uma questão de prática	46
17.	Comunicação sem comunicação	48
18.	Pensar faz bem à existência	50

X Comunicação Aberta

19. Ainda há salvação para a falta de diálogo? 52
20. Comunicação sem politicagem 54
21. Manifestar-se é direito e dever de todos 57
22. Cultura é a essência da boa navegação 59
23. Já ouviu falar de isegoria? 61
24. Diálogo é o melhor caminho 63
25. Claude Lévi-Strauss e a convivência das diversidades 65
26. Respiração, ouvidoria e comunicação 67
27. Sustentabilidade, comunicação e ética pela perpetuidade
    da organização Terra 70
28. Pausa para refletir: eu estou em mim 73
29. O despertar da consciência começa pela comunicação 75
30. Por que será que não evoluímos no relacionamento humano? 77
31. Aja de boa-fé, que a boa-fé agirá por você 79
32. Reaprender a se relacionar é preciso: antes tarde do que nunca 81
33. Crise financeira ou crise de valores humanos? 83
34. Vencendo a dissonância cognitiva 85
35. Comunicação sem preconceitos 87
36. Falta comunicação na sociedade da informação 90
37. Falta de sentido e a crise em Wall Street 93
38. Más notícias ou mais comunicação 95
39. Vaidade: puro egocentrismo ou necessidade humana? 97
40. Algo muito além das formalidades 99
41. Ser e estar: questão de ordem interior 100

Exercício para descomplicar a comunicação pela via da cultura do diálogo 103

Bibliografia 107

Prefácio
Comunicação é vida!

∎

Abre-se a janela,
entra o sol
e todas as coisas se transformam
na transparência.

∎

A comunicação clareia o ambiente no encontro, na integração, na comunhão, na solidariedade, no entendimento, na paz.
Vida é relação, palavras e contatos com alma.

Comunicação é o processo de aproximação humana como recurso transcendente que não se limita ao sonoro e gestual, mas que tende hoje ao risco real de se desvirtuar na exaustão tecnológica que introduz o *piloto automático no relacionamento* para *aliviar a dor do pensar e decidir*.
Vivem-se atualmente dois paradoxos:
1. *muita informação, sem comunicação;*
2. *todos falando, ninguém se comunicando.*

A tecnologia é capaz de encurtar distâncias físicas e planetárias e ignorar o próximo e *até coisificá-lo*. Não se trata só de percepção da presença, mas de perda e descarte do significado humano. Daí a *insensibilidade ética – o homem utilizável*. Para criar o clima de corrupção é só um passo.

O resgate da comunicação efetiva é imprescindível à construção da sociedade democrática – *toda ela é essencialmente humana, a tecnologia é um meio saudável, desde que utilizada com respeito ao outro*.

Um dos pontos fortes no livro do Gustavo é a *cultura do diálogo*.

É imprescindível que haja o hábito da conversação para que a comunicação flua harmoniosa e eficazmente entre as pessoas.

A abordagem cultural é particularmente relevante, pois sem criar as condições de receptividade, simpatia e empatia, verdades e interesses comuns, a relação é superficial, formal e fugaz.

A unilateralidade, o individualismo, a ambição por poder e dinheiro levam as pessoas à competição predatória. As informações para sustentar as pelejas acabam por superar a comunicação solidária comprometida com projetos mutuamente compensadores.

No livro, o autor faz jus ao título, em que as palavras "abertura" e "diálogo" ganham fundamentação e praticidade.

Como tornar a gestão participativa e inovadora por meio da integração e coesão pelo diálogo? É um dos desafios relevantes propostos à reflexão dos leitores.

A cultura do diálogo significa predisposição à negociação e ao acordo pelo consenso. Em síntese, o eixo angular de uma organização democrática.

O livro expõe, em estilo leve, mas profundo, os fundamentos e as estratégias da comunicação e induz o leitor a pensar – *hábito pouco estimulado na sociedade tecnológica.*

Outra advertência válida é a prevenção da atitude predominantemente operacional e da índole para burocratização dos comportamentos – *tendência à consideração do outro como bem utilitário e descartável.*

O outro avaliado menos como parceiro necessário e mais como instrumento interesseiro.

Superar essa síndrome odiosa passa pelo processo de conscientização ética, indispensável à boa comunicação.

O livro, mais do que um alerta aos comunicadores, implica diretrizes concretas ao pensar estratégico e ao pensar estratégico em equipe.

Francisco Gomes de Matos
Consultor corporativo

Introdução

"Todas as coisas já foram ditas. Mas como ninguém escuta,
é preciso sempre recomeçar."
André Gide

DESCOMPLIQUE A COMUNICAÇÃO PELO CAMINHO DO DIÁLOGO

"Observe-se, também, os olhos de um homem que está tentando ouvir os segredos do mundo. Seus olhos estão brilhando, como se para abranger tudo ao seu redor no mundo exterior. Ele é liberado de si mesmo, a sua mão não está fechada, mas estendida com um gesto que busca absorver o ser do mundo."
Rudolf Steiner

Saber ouvir é um dos principais diferenciais para se alcançar o êxito na vida pessoal, profissional e empresarial. Podemos chegar a essa conclusão ao percebermos a relação de causa e efeito entre comunicação eficaz e ações bem-sucedidas. Essa equação pode ser aplicada em qualquer dimensão e área de atuação humana.

No plano pessoal, as pessoas mais realizadas e felizes são aquelas que escutam sua voz interior e se abrem à compreensão do outro e de si mesmas. Na área profissional, são mais bem-sucedidos aqueles que escutam as próprias vocações, pois se entregam com entusiasmo e obstinação a tudo o que fazem, conquistando, assim, fontes inesgotáveis de trabalho e geração de renda. E, no campo empresarial, os empreendimentos de maior sucesso são sempre daqueles que primeiro buscam ouvir e valorizar as pessoas, conseguindo, dessa maneira, atingir o objetivo final que é atender com eficácia às necessidades dos seus clientes externos e às demandas do mercado. Vemos, então, que, nessas três dimensões, o "saber ouvir" é condição fundamental para superar desafios e alcançar grandes conquistas.

A história da evolução do homem, com todos os inventos científicos e tecnológicos, mostra-nos o quanto é infindável o potencial de desenvolvimento do ser humano quando ele utiliza sua capacidade e habilidade em se comunicar. A comunicação está literalmente presente em todos os aspectos da existência humana, seja nos contextos social, político, econômico, cultural e organizacional, seja nos planos profissional, pessoal, existencial e transcendental.

Infelizmente, de modo geral, a falta de diálogo é predominante nas organizações. Isso é péssimo para a qualidade de vida no trabalho, pois as pessoas acabam enveredando pelo caminho do conflito e da competição predatória, em vez de buscarem a integração e o trabalho em equipe decorrentes de uma convivência produtiva.

COMPLICAÇÃO DESDE OS TEMPOS DAS CAVERNAS

Os problemas de comunicação fazem parte do cotidiano humano há muito mais tempo do que podemos imaginar. Diversos estudos arqueológicos e antropológicos destacam que, desde os mais remotos registros da civilização humana – cerca de 20 mil a.c. –, o ser humano já vivia conflitos e impasses em razão da dificuldade de comunicar necessidades, desejos e opiniões, fosse com indivíduos de outras culturas, fosse com os integrantes de uma mesma família ou grupo social.

Desde a época da escrita cuneiforme, em formas de barro, pelos sumérios (3500 a.C.), e dos hieróglifos do Antigo Egito (3000 a.C.), já eram registradas situações ligadas a conflitos humanos motivados pela inabilidade de coexistência entre culturas diferentes. Muitos desses relatos foram codificados em linguagens mitológicas para narrar a trágica dificuldade dos seres humanos em se relacionar e se entender mutuamente, como nos poemas épicos de Homero (século VIII a.C.), "Odisseia" e "Ilíada", que marcaram o período da Grécia Antiga.

Pela lente da história da humanidade, podemos afirmar categoricamente que o homem evoluiu muito pouco em termos de relacionamento. Segundo antropólogos, presume-se que, desde a época pré-histórica, a simples frustração da expectativa de satisfazer um desejo momentâneo, que necessitasse da ajuda de terceiros, era motivo para o desencadeamento de agressões mortais e batalhas sangrentas entre membros de uma mesma tribo ou de agrupamentos vizinhos entre si.

FILOSOFIA DA COEXISTÊNCIA

"Cada um depende de todos e todos dependem de cada um."

Anísio Teixeira

A comunicação é fator-chave não apenas na divulgação de produtos e serviços. No dia a dia da empresa, a comunicação é capaz de tornar eficazes as mensagens e as ações motivadoras de um propósito de vida. Infelizmente, a abertura para o diálogo ainda é muito negligenciada, tanto em ambientes empresariais e institucionais quanto nas escolas e na própria família. As consequências imediatas dessa lacuna são os impasses e os conflitos destrutivos nos relacionamentos.

Nesse sentido, a comunicação corporativa deve ser desenvolvida como uma cultura de empresa, um conceito que vai além de uma política de endomarketing e se consolida como uma filosofia prática de coexistência produtiva das diferenças.

Empresas e pessoas que se fecham em si mesmas são incapazes de pensar e refletir sobre seus valores, procedimentos, atitudes e comportamentos. A falta de diálogo predispõe a posturas arrogantes e condutas agressivas, expressivos indicadores de imaturidade e inabilidade para o relacionamento.

A interdependência é uma necessidade existencial para seres humanos e organizações. Pessoas e empresas ensimesmadas não conseguem perceber oportunidades e soluções para os seus problemas, que podem ser descobertas pela abertura à comunicação e ao relacionamento. Grandes oportunidades e novos negócios podem surgir da simples dinâmica de conversação e de interação. É forte a tendência de sucesso das empresas que buscam se comunicar com funcionários, clientes, fornecedores e a sociedade de modo geral.

O segredo do diálogo bem-sucedido é simples. Antes de tudo, é necessário um estado de espírito favorável à convivência da diversidade humana. Daí em diante, a comunicação eficaz será resultante da postura de saber ouvir e dar retorno ao interlocutor. É ter interesse pela opinião do outro. É ter abertura para compartilhar informações, ideias, sentimentos, sempre respeitando as diferenças e os pontos de vista divergentes dos nossos. Não podemos considerar a nossa opinião verdade absoluta e inquestionável. Precisamos ter flexibilidade para rever conceitos e refletir sobre a lógica de opiniões contrárias às nossas.

É importante atentarmos para o maior obstáculo da eficácia na comunicação: a falta de retorno para quem transmite a mensagem. Sem *feedback*, não há realimentação do processo de comunicação.

Grandes inovações, melhoria de qualidade em processos e projetos de trabalho e aperfeiçoamentos de produtos e serviços podem surgir de uma simples conversa informal ou da troca de opiniões e ideias no desempenho de uma tarefa. O diálogo no ambiente de trabalho é tão importante para a produtividade e competitividade da empresa como também para a realização e felicidade das pessoas que para ela trabalham.

"Aprendemos quando compartilhamos experiências."

John Dewey

Comunicação social é basicamente relacionamento humano. Em sua essência, a comunicação é um processo dinâmico e interativo que envolve relacionamento com o outro e consigo mesmo. Carl Jung foi esplêndido ao afirmar que "nenhum homem é uma ilha fechada sobre si; todos são parte de um continente, uma parcela de terra principal. Todos os efeitos são recíprocos e nenhum elemento age sobre outro sem que ele próprio seja modificado". No entanto, podemos constatar, ao longo da história da civilização, que o ser humano tende ao egocentrismo. Temos uma inclinação de nos fecharmos em nós mesmos e escutarmos somente aquilo que nos interessa ou que, em determinado momento, nos é oportuno e gratificante.

Quando ensimesmado, o ser humano não pode ouvir o outro, não consegue se relacionar, tampouco interagir ou colaborar criativamente. É relacionando-se com outras pessoas que o ser humano se constrói como indivíduo, profissional e cidadão. Ao mesmo tempo que devemos buscar estabelecer um bom fluxo de comunicação com os diversos interlocutores, é imprescindível, para nossa vida pessoal, a abertura franca e contínua à comunicação intrapessoal, ou seja, ao diálogo interior.

Comunicação intrapessoal é a aquela que uma pessoa tem consigo própria. Corresponde ao diálogo interior no qual debatemos nossas dúvidas, perplexidades, dilemas, orientações e escolhas. Está diretamente relacionada com o ato de reflexão, meditação e oração (nossa comunicação em dimensão transcendental). Com certeza, a pessoa que aprende a se escutar tem maior capacidade de desenvolver o autoconhecimento e, dessa forma, compreender melhor as limitações, carências e imperfeições dos seus interlocutores. Esse é o primeiro passo para, por meio do diálogo e da conversação, buscar se relacionar sadiamente, respeitando e considerando as diferenças e divergências inerentes ao convívio humano.

A INCRÍVEL CAPACIDADE DE PENSAR E FALAR

"Aquele que, deitado na relva ou em solitária encosta, aplica o ouvido,
aprende um pouco das coisas que há entre o céu e a terra."

Friedrich Nietzsche

Como ser racional, o homem distinguiu-se dos outros animais pela capacidade de pensar e falar. Superando a vivência concreta e momentânea do "aqui e agora", tornou-se capaz de refletir sobre os fatos passados e planejar as ações futuras. Essa capacidade de raciocinar o fez começar a representar o mundo por meio da linguagem simbólica. Dos desenhos traçados nas pedras, evoluiu para a palavra, expressando os sentimentos por meio de sons. Com o tempo, a fala ensejou a escrita e, assim, o homem passou a ser capaz de compartilhar pensamentos e emoções e externar ideias e desejos. Ou seja, há muito que o ser humano descobriu a sensacional capacidade de se relacionar e interagir com seus semelhantes, vislumbrando o ilimitado poder da união de forças e energias em prol de objetivos comuns.

Por isso, podemos afirmar que a vida em sociedade e o progresso da civilização humana são frutos da comunicação. Assim como é certo que os insucessos, guerras, conflitos, desentendimentos e todo tipo de problemas pessoais, políticos, econômicos, sociais e empresariais originam-se nas deficiências de comunicação e na falta de diálogo e de interação.

"Feliz aquele que transfere o que sabe e aprende o que ensina."

Cora Coralina

Utilizando nosso bom senso, poderemos concluir, com facilidade, que a principal origem de insucessos na comunicação encontra-se na dificuldade de "saber ouvir". Infelizmente, a civilização ainda não conseguiu absorver a sabedoria de Confúcio, que dizia: *"Escutai com atenção o que o outro tem para dizer e serás capaz de ouvir além das palavras e decidir com justiça e paz"*.

A dinâmica da comunicação é a base da nossa atuação profissional, voltada para o desafio de implementar, nas empresas, a Cultura do Diálogo, por meio da implantação participativa de programas de comunicação interna. É empolgante constatar o engajamento e o entusiasmo de funcionários e lideranças, integrados e mobilizados pela comunicação corporativa.

Alguns dirigentes investem na implantação desse programa com o único objetivo de buscar melhores resultados para as respectivas empresas no mercado. No entanto, quando a implantação da comunicação interna vem como fruto de um processo participativo e dinâmico, baseado no princípio do "ouvir" e "falar", empresários e executivos percebem uma arrebatadora melhoria no ambiente organizacional, com maior envolvimento dos colaboradores para o alcance dos objetivos e metas da empresa. A consequência desse processo orgânico e saudável de consolidação da cultura do diálogo é o fortalecimento da sinergia, produtividade e competitividade. Afinal, o resultado mais almejado por todas as organizações.

A viabilização de canais de comunicação e de ambientes favoráveis ao relacionamento humano nas empresas faz as pessoas se sentirem reconhecidas, consideradas e respeitadas. Ao sentir-se valorizado no trabalho, o indivíduo reforça a autoestima, o que, naturalmente, repercutirá em sua vida pessoal, melhorando a qualidade de vida. Esse estado de espírito individual se reflete no desenvolvimento profissional. Quando ele passa a ser coletivo, estão criadas as condições para que a empresa possa ser bem-sucedida na condução dos seus negócios.

> "Temos uma tendência a pensar em nós mesmos como indivíduos racionais motivados por questões econômicas, mas, na verdade, somos indivíduos sociais, motivados pela necessidade de se relacionar."
>
> *David Brooks*

Um ambiente aberto à comunicação proporciona aos indivíduos – células que dão sentido e vivificam as organizações – a satisfação de se sentirem produtivos, associativos e saudáveis. Nessa *matemática humanista*, só há espaço para as equações de soma do relacionamento humano e de multiplicação da felicidade, da inclusão e da participação de todos. O resultado é sempre a conquista de maior lucratividade e progresso para todos.

A importância da comunicação interna nas empresas começou a ser considerada no final dos anos 1920, quando o cientista social australiano Elton Mayo demonstrou com pesquisas que, para o bem da produtividade, as pessoas não deveriam ser encaradas pelos gestores como simples extensões das máquinas. Em suas investigações, Mayo chegou à conclusão de que o ser humano produzia mais quando motivado por uma causa, quando estimulado e, principalmente, ouvido, considerado e respeitado pela organização. Ele provou com números que, se as empresas quisessem produzir mais, era preciso trazer a humanidade para dentro da esfera de trabalho.

Cerca de três décadas depois, Peter Drucker confirmou as teses de Mayo, ressaltando que a eficácia na administração dependia diretamente da valorização da dimensão humana no trabalho, que deveria ser concretizada por um ambiente de compartilhamento da comunicação e da motivação.

Drucker ajudou a transformar o mundo empresarial quando afirmou que um dos pontos básicos para se alcançar a administração eficaz passava primordialmente pela capacidade dos dirigentes em motivar as pessoas e, dessa maneira, motivarem-se a si próprios. Isso só se viabiliza em um meio em que sejam favorecidos o diálogo e o livre fluxo de opiniões e ideias. Administração e comunicação interna são atividades interligadas. É a comunicação que favorece a administração a tornar comuns a missão, os valores, os objetivos e as metas da empresa. É a comunicação interna que torna eficazes mensagens e ações destinadas a motivar, incentivar, orientar, promover, desenvolver e integrar as pessoas de uma organização. Sem oferecer meios e canais de comunicação aos seus funcionários que favoreçam o pleno exercício do diálogo e da conversação, dificilmente uma empresa conseguirá superar desafios e atingir metas de maneira sustentada. Por essa razão, a comunicação interna é primordial, tanto para o sucesso das empresas, como também para o desenvolvimento do ser humano nelas. Afinal, só conseguimos evoluir na vida, em caráter existencial ou profissional, comunicando-nos com nosso eu. Platão sintetizou esse pensamento com a máxima: "Eu sou o diálogo sem som de mim, comigo mesmo".

É por meio dos nossos diálogos interiores (intrapessoais) que amadurecemos sentimentos, ideias, desejos, raciocínios e percepções. Ou seja, o desenvolvimento de cada um de nós se dá a partir da comunicação. São nossas reflexões que geram descobertas, crescimento e transformações durante todo o transcorrer da vida. A comunicação é a expressão plena da amplitude de possibilidades de nossa dimensão humana e divina.

"Conhece-te a ti mesmo."

Sócrates

Todos nós tentamos nos comunicar, continuamente, por diversos meios e variadas linguagens, buscando estabelecer relações afetivas, profissionais e comerciais, bem como interagir com os mais diferentes tipos de pessoas, grupos sociais e com nós mesmos. Nossa consciência é fruto desse fluxo contínuo de interlocuções e intralocuções.

A cultura do diálogo é construída, portanto, pela disposição de abertura, ao mesmo tempo íntima e coletiva, para a comunicação. É por meio do relacionamento humano que amadurecemos ideias, sentimentos e emoções. É pelo caminho da comunicação que evoluímos, com desenvoltura, no ambiente organizacional, na sociedade e, principalmente, em nosso universo interior.

"Não saio de dentro de mim nem pra pescar."

Manoel de Barros

XX　Comunicação Aberta

MAS AFINAL, O QUE É COMUNICAÇÃO ABERTA?

É uma filosofia de coexistência, sintonizada com a essência comunicadora, característica intrínseca do funcionamento saudável de todo organismo vivo. E vai muito além de uma política de comunicação empresarial ou de um programa de endomarketing.

A estratégia da Comunicação Aberta concretiza-se quando o ser humano encontra, em si mesmo, as respostas para os dilemas que o atormentam e o impedem de evoluir; quando o profissional percebe a força empreendedora da sua vocação e incrível potencial para o aperfeiçoamento contínuo; quando a empresa volta-se para o seu corpo funcional, buscando a fonte segura de soluções para o seu crescimento sustentado; quando as lideranças políticas do país ou da cidade passam a escutar os cidadãos, a fim de fundamentar ações (políticas públicas) e medidas em prol do progresso de todos, sem nenhum tipo de exclusão.

Como um momento de revelação, a estratégia da Comunicação Aberta é um verdadeiro *insight*, em que nos conscientizamos da magnitude transformadora da vida como processo permanente de relacionamento e conhecimento compartilhado. É quando passamos a ouvir as demandas interiores que, uma vez atendidas, viabilizam o atendimento bem-sucedido das demandas exteriores. Tanto para os seres humanos como para as empresas dos mais diversos portes, certamente a evolução passa pelo circuito virtuoso da Comunicação Aberta, base sólida para o desenvolvimento pessoal, profissional e empresarial.

COMUNICAÇÃO – PARÁBOLA DE FRANCISCO GOMES DE MATOS

O homem está lá, desafiado pela grande porta.

Com alguma dificuldade, descobre a fechadura e se percebe com a chave à mão.

Tenta, tenta, combinando as partes, e aos poucos a trave vai cedendo, a fechadura funciona e a porta se abre.

Dentro, há inumeráveis portas, cada qual com uma fechadura diferente. Todas devem ser abertas, mas só há uma única chave. É preciso ajustá-la às fechaduras. Para tanto, o homem necessita usar sua maleta de ferramentas. Lapida aqui, acrescenta ali, endireita acolá até que a resistência se dobre e a chave libere a porta.

Em cada porta que se abre, o fenômeno se repete: várias outras portas interpõem-se ao caminhante, em um permanente desafio.

Muitas vezes, a fechadura emperra, a chave não é adequada, as ferramentas não ajudam, o ambiente é sufocante e o homem desespera. A vontade é acomodar-se, mas não há outra alternativa inteligente; é vital prosseguir tentando.

Este, o destino humano: abrir portas, conquistar ambientes, transpondo fechaduras com uma única e frágil chave, até a porta final, que se escancara ao infinito.

·

A comunicação é a chave única, adaptável às fechaduras, para abrir todas as portas. Se o agente emissor não se ajustar às peculiaridades dos receptores, a porta permanece fechada.

Os problemas organizacionais têm origem na má comunicação, que gera os relacionamentos críticos.

Preservar a chave, habilitando-se aos necessários ajustamentos às fechaduras é o segredo da convivência harmoniosa e da sinergia no trabalho.

1. Você é uma pessoa aberta ao diálogo?

Atitudes positivas de comunicação estimulam o diálogo e a qualidade da comunicação interpessoal

"Conheça todas as teorias, domine todas as técnicas, mas, ao tocar uma alma humana, seja apenas outra alma humana."
Carl Gustav Jung

Dialogar é uma arte que implica saber ouvir, saber aceitar o diferente, saber respeitar o discordante e, até mesmo, tolerar o que pode ser uma agressão verbal para não fechar a possibilidade de um entendimento.

Dialogar significa argumentar com embasamentos consistentes, respeito mútuo, precisão de informações e autocrítica. Dessa forma, torna-se possível o entendimento entre aqueles que são, inicialmente, desiguais, pois não se supõe, necessariamente, uma conversa consensual. A unilateralidade implica imposição de ideias por parte daquele que melhor fundamenta seus argumentos, o que inviabiliza a possibilidade de algum entendimento entre as pessoas envolvidas na conversação.

É importante perceber a possibilidade de um verdadeiro diálogo entre posturas e visões de mundo diferentes e conflitantes, levando em conta a desigualdade apenas no ponto de partida, para que o diálogo ocorra.

A abertura para o diálogo possibilita que pessoas com pensamentos diferentes trabalhem integradas e coesas pela concretização de objetivos comuns. A convivência das diversidades é um dos principais fundamentos da democracia.

O diálogo é o melhor veículo de comunicação entre pessoas, empresas e instituições, pois facilita a produção de ideias, a identificação de soluções, o relacionamento humano e as dinâmicas de negociações e reuniões produtivas.

Para praticá-lo, é preciso um aprendizado que começa com a modificação dos hábitos mentais que dificultam nossa capacidade de ouvir. O questionamento básico do método é simples: o que temos como certo e fora de dúvida nem sempre é o único modo de perceber e compreender o mundo. Daí, a pergunta-chave: "e se suspendermos, ao menos temporariamente, os nossos modos habituais de pensar – as nossas 'certezas', e, assim, conversarmos para ver o que acontece?".

2 Comunicação Aberta

Trata-se, pois, de mudar de abordagem, trocar de posição, observar a partir de outros ângulos, pensar os mesmos problemas de maneira diferente. O diálogo se aplica a qualquer situação em que sejam necessários produzir ideias novas e aprender em grupo.

Dicas de atitudes positivas de comunicação que estimulam o diálogo e a qualidade da comunicação interpessoal:

- transformar toda crítica em fonte de retorno para o seu aperfeiçoamento;
- evitar aborrecimento com opiniões contrárias e respeitá-las como o ponto de vista do interlocutor;
- desconsiderar a própria opinião verdade absoluta e inquestionável;
- ter paciência e tolerância para conviver com pessoas de diferentes linhas de pensamento;
- evitar que, logo às primeiras frases do interlocutor, você já esteja pensando no que responderá;
- possuir flexibilidade para rever conceitos e refletir sobre opiniões contrárias;
- desenvolver capacidade de colocar-se no lugar do interlocutor, para compreender o ponto de vista dele, sentimentos e ideias;
- evitar gestos e posturas corporais que transmitam bloqueio e indiferença para quem fala;
- manter estado de espírito de receptividade e de abertura à conversação;
- excluir a presunção e a arrogância na forma de se relacionar com os outros;
- evitar comentários negativos e interjeições depreciativas;
- descartar todo tipo de respostas ríspidas e irônicas;
- libertar-se do preconceito e de opiniões pré-formuladas;
- buscar silêncio externo e interior;
- ter disposição para entrar em sintonia com o emissor para compreender o conteúdo da mensagem;
- evitar a tendência ao prejulgamento e descartar posturas de preconceito e exclusão;
- manter atenção no emissor e concentração reflexiva no conteúdo da mensagem;
- ter disposição para pensar, refletir e debater ideias e opiniões contrárias;
- buscar transmitir pensamentos e sentimentos de compartilhamento;
- evitar a competição predatória e a intenção de predominância da própria opinião;
- buscar agregar pontos para a conversação; e
- reconhecer a diversidade de ideias e opiniões, respeitando o direito de livre-expressão de cada pessoa.

A abertura para o diálogo é o princípio básico para a comunicação sem complicação. Em síntese, dialogar é:

- saber ouvir;
- saber dar e receber *feedback*;
- ter interesse pela opinião dos outros;
- compartilhar informações, conhecimentos e ideias;
- respeitar as diferenças;
- conviver criativamente com as diversidades.

2. Você sabe ouvir?

Ouvir é o diferencial mais importante para o êxito na comunicação

■

"O que as pessoas mais desejam é alguém que as escute de maneira calma e tranquila. Em silêncio, sem dar conselhos, sem que digam: se eu fosse você..."

Rubem Alves

■

Saber ouvir é o fator mais importante para o sucesso na comunicação e, ao mesmo tempo, um dos aspectos mais negligenciados no seu processo. De modo geral, ocupamo-nos mais em falar, em determinar conceitos e preconceitos, em expressar opiniões e ditar regras, do que em ouvir e estabelecer uma dinâmica de diálogo, que consiste em duas lógicas que se interagem, transitando no fluxo da compreensão mútua, da construção do entendimento e da consolidação do relacionamento.

A aptidão para saber ouvir é um dos mais importantes diferenciais para o êxito na comunicação interpessoal. Podemos chegar a essa conclusão ao percebermos a relação de causa e efeito entre comunicação eficaz e ações bem-sucedidas.

Saber ouvir é desenvolver a escuta ativa. Escutar ativamente é dar toda a atenção e ajuda para a outra pessoa se comunicar. É uma atitude de consideração e respeito ao interlocutor. A escuta ativa é a expressão de uma atitude de abertura ao diálogo e de compartilhamento de informações, opiniões e ideias.

Escutar ativamente consiste em fazer perguntas esclarecedoras; admitir dificuldades de compreensão; anotar os pontos-chave de uma conversa, palestra ou reunião; e manifestar discordância em forma de perguntas para manter o diálogo.

Saber ouvir transcende o ato de escutar quem fala – é compreender a pessoa que se expressa; entender a mensagem que ela transmite; assimilar o que é dito por palavras, olhares, atitudes, gestos ou silêncio; perceber a grandeza da essência da comunicação e do diálogo; alcançar a plenitude do relacionamento humano e a apreensão do sentido de nossa existência.

É sempre bom lembrar do alerta de Peter Drucker, que costumava destacar que "a coisa mais importante em comunicação é ouvir o que não está a ser dito". Nesse sentido, a capacidade de saber ouvir abrange a habilidade de interpretar silêncios e decodificar sinais não verbais. Paulo Freire costumava chamar a atenção para a leitura das entrelinhas, ou seja, aquilo que não foi explicitamente revelado, mas pode ser percebido e compreendido pela atitude atenta de quem desenvolve o pensamento crítico e busca fazer as correlações de causa e efeito dos acontecimentos.

APRIMORANDO O OUVIR PARA MELHORAR A COMUNICAÇÃO

Devemos sempre nos preparar para um processo de comunicação de mão dupla, privilegiando mais o ouvir do que o falar. Ao falarmos em profusão, prejudicamos nosso potencial de persuasão e interação, exaurindo a capacidade de atenção e reflexão do nosso interlocutor.

Saber ouvir implica descobrir maneiras de convidar a outra parte a escutá-lo, facilitando as questões para que ela lhe dê atenção. Isso pode exigir que você reformule suas afirmações até poder transmitir com precisão o que pretende.

Assim:

- questionar seus pontos de vista e identificar abordagens importantes a serem feitas pelos seus possíveis interlocutores, assumindo a perspectiva deles;
- reformular suas opiniões para ajudar a outra parte a entendê-las;
- esforçar-se para compreender como o seu interlocutor poderia reagir às suas afirmações; e
- procurar expressar seu pensamento de diferentes formas, até sentir que tem domínio do assunto e flexibilidade para argumentar, persuadir e, até mesmo, mudar de opinião.

3. O silêncio também fala
Os segredos da comunicação não verbal

*"Falo com meu corpo, e isso sem saber. Digo, portanto, sempre mais do que sei.
É aí que chego ao sentido da palavra sujeito no discurso analítico.
O que fala sem saber me faz eu sujeito do verbo."*

Jacques Lacan

A palavra falada é o método mais usual de comunicação entre as pessoas. Tendemos a considerar que a comunicação oral é o meio mais eficiente de transmitir uma mensagem. Entretanto, isso depende muito da capacidade de eloquência do emissor ao expressar a sua intenção de modo eficiente e da capacidade do receptor em saber ouvir, interpretar e compreender de forma precisa a mensagem recebida.

Em média, o impacto de uma mensagem sobre o ouvinte é garantido em apenas 7% pelas palavras (o que a pessoa diz); 38% pelo tom de voz e inflexão (a maneira como diz); e 55% pelo corpo, olhos, mãos, braços, pernas, dedos, ou seja, pelas expressões, atitudes e gestos (o comportamento).

"Aquilo que você é fala tão alto que não consigo ouvir o que você me diz."

Ralph Waldo Emerson

Para podermos afirmar que a comunicação está ocorrendo de maneira efetiva, temos de ser coerentes nas palavras e em toda nossa expressão não verbal. Vejamos quatro características que compõem a comunicação não verbal:

- **a primeira** é justamente complementar à comunicação verbal. É quando dizemos "bom dia" sorrindo para o outro e olhando nos seus olhos;
- **a segunda** é contradizer o verbal. É quando dizemos, por exemplo, "muito prazer" e apertamos a mão do outro como se fosse um "peixe morto" ou com medo ou desconforto ao toque;

- **a terceira** é substituir o verbal. É quando utilizamos, por exemplo, o movimento positivo da cabeça, olhando para a outra pessoa e dizendo não verbalmente "estou ouvindo", "estou prestando atenção";
- **a quarta** e última, mas não menos importante, função ou característica do não verbal é a demonstração dos nossos sentimentos por meio de expressões faciais de alegria, discordância, tristeza ou dor.

Geralmente, não temos consciência nem controle de toda essa sinalização não verbal quase sempre involuntária. Por exemplo, está comprovado cientificamente que, quando estamos gostando do que está acontecendo, a nossa pupila se dilata e reluz involuntária e inconscientemente.

Podemos afirmar, por dados como esse, que na dúvida entre a mensagem verbal e a não verbal, as pessoas confiam nessa linguagem silenciosa que fala da essência do ser humano, daquilo que realmente estamos sentindo.

Alguns exemplos de linguagem corporal que devem ser interpretados sempre no contexto comunicativo:

- **braços cruzados** – postura defensiva, resistente ou fechada para as ideias do outro. Também pode ser proteção ao frio e aconchego;
- **mãos no bolso e olhar cabisbaixo** – inibição, desmotivação ou desconfiança;
- **coçar-se** – coçar braços, nariz ou pescoço pode significar dúvida, ou pior, que a pessoa está mentindo;
- **esconder a boca com a mão, desviar o olhar, piscar rapidamente e mudar o tom de voz de repente** – sinais expressivos de que a pessoa deve estar mentido, dissimulando intenções ou ocultando fatos;
- **coçar o queixo** – avaliação e pensamento;
- **puxar ou coçar a orelha** – indecisão;
- **esfregar os olhos** – cansaço, descrença, dúvida ou mentira;
- **mãos fechadas** – frustração, ódio, agressividade ou revolta;
- **palma da mão virada para cima** – receptividade, sinceridade, inocência, abertura ao aprendizado;
- **alisar o cabelo** – insegurança;
- **roer unhas** – ansiedade e insegurança;
- **desviar o olhar** – desconfiança, timidez ou falta de veracidade no que fala;
- **balançar pés e pernas** – nervosismo ou impaciência com o assunto abordado;
- **sentar-se de maneira desleixada e olhar distraído** – indiferença, desinteresse, desprezo;

- **dilatação das pupilas** – satisfação, interesse, felicidade, entusiasmo;
- **sorriso demorado** – aprovação, consideração, simpatia, admiração ou, pelo contrário, decepção.

Importante: gestos, posturas e expressões faciais não devem ser interpretados de maneira isolada, sem a devida leitura do contexto no qual as pessoas estão inseridas. Devem-se evitar conclusões precipitadas pela simples identificação de um ou dois indicadores não verbais.

REGRA DE OURO NA COMUNICAÇÃO

"Precisamos desenvolver a habilidade de nos colocar no lugar do outro
e entender sua visão do mundo. Para isso, é preciso saber ouvir."

William Ury

4. Antes de falar, ponha-se a ouvir e pensar

Pontos básicos da comunicação eficaz

▪

"Todos nós somos um mistério para os outros e para nós mesmos."

Érico Veríssimo

▪

A história das empresas tem demonstrado que os problemas de comunicação são os principais responsáveis pela grande maioria dos erros operacionais, desacertos de gestão e conflitos interpessoais no trabalho. Para a comunicação eficaz entre duas pessoas, é vital que se observem alguns pontos básicos, como:

- **saiba o que vai dizer** – procure "arrumar" as ideias. Trace o objetivo da mensagem, o que você deseja que os receptores da mensagem absorvam, qual o verdadeiro propósito da comunicação. Se necessário, faça um pequeno roteiro, enumerando apenas os tópicos a serem abordados;
- **a quem vai se dirigir?** – antes de transmitir alguma informação ou iniciar uma conversação ou um simples diálogo, procure adequar suas palavras ao perfil do interlocutor;
- **determine seus objetivos** – pergunte a você mesmo qual a intenção no ato da comunicação que estabelecerá e quais as razões que motivaram a necessidade de falar ou se expressar. Reflita sobre as suas verdadeiras intenções e objetivos;
- **saiba como dizer** – o método de exposição, a tonalidade da voz, as expressões faciais, as atitudes corporais, os gestos, os meios audiovisuais utilizados e o diálogo franco e objetivo são recursos imprescindíveis para motivar uma audiência, manter o público atento, interessado e, portanto, receptivo à mensagem, ao retorno e à ação;
- **consulte outras pessoas** – para planejar as comunicações, pedir opiniões, lembre que aqueles que o ajudam a planejar com certeza o apoiarão;

10 Comunicação Aberta

- **compreensão** – procure saber quais foram as consequências da comunicação. Procure não só ser compreendido, como também compreender; seja um bom ouvinte não só para os significados explícitos, mas também para os implícitos. Procure perceber se a sua intenção na comunicação se concretizou. Sempre verifique se você foi entendido, faça perguntas, incentive o comentário sobre o que disse. Após transmitir a informação, faça perguntas como: O que você achou do que foi falado? Como aplicaria isso em sua realidade de trabalho?
- **compartilhe** – não sonegue informações com medo de partilhar know-how. Compartilhe tanta informação quanto possível, isso trará ganhos para todos os envolvidos;
- *feedback* – um dos principais empecilhos para a comunicação é a falta de retorno quanto à mensagem recebida. A comunicação é um processo que se realiza em dois sentidos. Sem *feedback*, não há comunicação, mas apenas um comunicado;
- **examine o ponto criticado** – ao receber críticas, procure extrair os aspectos positivos e construtivos;
- **procure ser claro e objetivo** – não faça rodeios, mesmo que a mensagem diga o que as pessoas não gostariam de ouvir.

O MAIS IMPORTANTE NA COMUNICAÇÃO

Saiba ouvir – talvez seja um dos mais difíceis fatores a serem observados e uma das causas principais de insucesso nas comunicações. Escute, ouça atentamente, demonstrando interesse pelo que está sendo apresentado, não interrompa desnecessariamente. O êxito da comunicação reside na motivação e capacidade dos ouvintes em transformar em atos as palavras proferidas. "Escutai com atenção o que outro tem para dizer e serás capaz de ouvir além das palavras", disse Confúcio.

Precisamos desenvolver a capacidade de compreendermos melhor o fascinante dom que temos de nos comunicarmos uns com os outros, pois, uma coisa é certa: *conversando, a gente se entende!*

5. Relacionamento é a base do sucesso na vida

Conceitos interdependentes de valorização humana

"Necessitamos uns dos outros para sermos nós mesmos."
Santo Agostinho

Cada vez mais, empresas e profissionais vencedores vêm consolidando o sucesso em suas atuações por meio da qualidade das comunicações e dos relacionamentos que conseguem criar, manter e desenvolver com seus públicos de interesse.

Comunicação e relacionamento são dois conceitos interdependentes. Para resolvermos problemas e superarmos desafios, nas mais diversas esferas da vida, necessitamos nos relacionar com nossos familiares, amigos, parceiros de trabalho e clientes.

Todo e qualquer relacionamento está baseado em um processo interativo, ou seja, na ação e na influência recíprocas entre as partes envolvidas. É como agirmos afetando e, ao mesmo tempo, sermos afetados pela reação do outro.

A abertura para a comunicação e o diálogo é um dos principais segredos para a concretização de relacionamentos produtivos e duradouros. O principal objetivo da comunicação é criar a conexão entre pessoas. Essas conectividades favorecem a superação de problemas, a conquista de metas e o vislumbre de novas oportunidades.

PRINCÍPIOS BÁSICOS DA COMUNICAÇÃO PARA O BOM RELACIONAMENTO

- Busque sempre a clareza, a objetividade e a simplicidade na comunicação.
- Expresse suas opiniões sem querer impô-las como verdade máxima e absoluta.
- Procure sempre dar uma resposta ou *feedback* a quem lhe transmitiu alguma mensagem.
- Busque o equilíbrio entre razão e emoção ao falar.
- Foque suas críticas nos problemas, e não nas pessoas.

12   Comunicação Aberta

- Escute verdadeiramente o que os outros têm a dizer.
- Não perca tempo com julgamentos pré-formulados e opiniões precipitadas.
- Compreenda a perspectiva dos outros, colocando-se no lugar do seu interlocutor.
- Substitua a competição e a rivalidade pela cooperação e compreensão.
- Fale amavelmente com as pessoas, procurando chamá-las pelo nome.
- Tenha consciência de que a maior parte da comunicação acontece pelas vias não verbais: nossas atitudes, comportamentos, gestos, expressões do rosto e sinais corporais.
- Fique atento para o efeito das suas palavras nas emoções e sentimentos dos seus interlocutores.

O bom relacionamento é determinado pela capacidade de interagir e conviver com diferentes padrões de cultura, pensamentos e comportamentos. Logo, se nos comunicamos melhor, nossos relacionamentos e nossa capacidade de entendimento interpessoal serão bem melhores.

Quanto ao modo de relacionamento entre pessoas em um grupo de trabalho, a eficácia da comunicação é determinada pela forma como as diferenças são encaradas e tratadas.

Por exemplo, reflita sobre os tópicos seguintes, aplicando-os à sua realidade de trabalho:

- é preciso que, no grupo, um integrante respeite a opinião do outro;
- todos devem ter o mesmo direito para expressar opiniões, críticas e sentimentos;
- ninguém deve ser tratado com preconceito ou ironia;
- trocar informações e compartilhar conhecimentos reforça os laços de amizade e comprometimento com objetivos comuns;
- atitudes de receptividade e amigáveis favorecem relacionamentos mais espontâneos e sinceros.

Se as diferenças são aceitas e tratadas em aberto, a comunicação flui facilmente em dupla direção, as pessoas ouvem as outras, falam o que pensam e sentem e têm possibilidades de dar e receber *feedback*. Dessa forma, com certeza, o grupo sairá ganhando, ou seja, todos se sentirão respeitados, considerados e motivados para buscar os melhores resultados em suas atividades.

6. Comunicação sem complicação

Saber e querer se comunicar é obrigação de todos

"A comunicação é o mecanismo através do qual existem e se desenvolvem as relações humanas."
Charles Cooley

Processo tão natural como respirar ou caminhar, a comunicação é a força que movimenta a vida das pessoas, das empresas e das sociedades.

Sem a comunicação, não assimilamos informação, não aprofundamos conhecimentos, não amadurecemos experiências e não fortalecemos relacionamentos.

A palavra COMUNICAÇÃO é originária do latim *communicatio*. Significa a ação de tornar algo comum a outros. Tem o sentido de participação. Implica interação para a troca de mensagens. O verbo *communicare* significa tornar comum, partilhar, repartir, associar, trocar opiniões.

Os objetivos da comunicação são criar, manter e desenvolver conexões e relacionamentos.

Por que será que fazemos da comunicação algo tão complicado?

A resposta é simples: não somos máquinas ou robôs que aceitam todas as mensagens recebidas como sinais de comando, a serem obedecidos sem questionamento. A comunicação humana é um processo dinâmico e interativo. O que parece complexo e muito complicado pode ser resolvido por um ato extremamente humano: O DIÁLOGO.

Dialogar é uma arte que envolve saber ouvir, saber aceitar o diferente, saber respeitar o discordante e, até mesmo, tolerar o que pode ser uma agressão verbal para não fechar a possibilidade de um entendimento ou, quem sabe, um convencimento pacífico e consensual.

As empresas não poderiam existir se não houvesse um mecanismo de influência recíproca entre suas partes. Tal influência se faz por meio da informação compartilhada.

A comunicação nunca foi tão rápida e fácil. Temos celulares, mensagens de texto e de voz, redes sociais, e-mail, fax, correio, videoconferência, blogs, salas de bate-papo na internet... Com toda essa tecnologia, podemos

14   Comunicação Aberta

nos comunicar com praticamente qualquer pessoa em qualquer lugar e a qualquer hora. *Porém, fica uma pergunta: estamos nos comunicando melhor?*

O convívio das diferenças, a coexistência produtiva, a interação das diversidades e a convivência criativa passam pelo caminho da comunicação, do diálogo e do relacionamento humano.

Um dos mais antigos e ainda mais úteis exemplos para descrever o processo da comunicação é separá-lo em partes, como foi feito por Harold Lasswell, em 1948. Ele disse que o processo da comunicação pode ser decomposto nos seguintes termos:

- **quem** – fatores que iniciam e guiam o ato da comunicação;
- **diz o que** – análise de conteúdo;
- **em que canal** – meios interpessoais ou de massa;
- **para quem** – pessoas atingidas pelos meios – implica análise de audiência;
- **e com quais efeitos** – impacto produzido pela mensagem sobre a audiência – implica análise do efeito.

Buscando o fato da mensagem – no jornalismo, ao iniciarmos a elaboração de uma notícia, procuramos responder seis perguntinhas básicas que garantem a redação da matéria:

- **O quê?**
- **Quem?**
- **Quando?**
- **Onde?**
- **Como?**
- **Por quê?**

Ao respondermos, estaremos aptos a elaborar outra mensagem, seja ela jornalística, pessoal, técnica ou de entretenimento.

RECOMENDAÇÕES

Pontos a serem melhorados em suas atitudes e comportamentos para concretizar a comunicação sem complicação:

- aprenda a não interromper os outros quando estiverem se expressando;
- esteja atento às entrelinhas, pois nem sempre o outro diz tudo só com palavras;
- concentre-se em desenvolver a capacidade de concentração no que o seu interlocutor fala;
- seja claro, objetivo e conciso em suas palavras para evitar a má compreensão ou a distorção da sua fala/mensagem;

- evite ao máximo se exaltar ou se irritar caso as ideias do outro forem contrárias às suas convicções;
- aprenda a respeitar opiniões contrárias às suas, desenvolvendo flexibilidade para mudanças de ideias e desenvolvimento de novos pontos de vista.

É direito e dever de todo ser humano comunicar-se, até mesmo por razão de sobrevivência. Dependemos da comunicação com outras pessoas para prover nossa subsistência, nosso conforto e nossa segurança. Ao mesmo tempo, necessitamos dialogar com nós mesmos (reflexão interior) em busca de sentido para nossa existência. Vivemos em uma dinâmica contínua de comunicação e relacionamentos inter e intrapessoais.

Projetando-nos para o contexto empresarial, podemos constatar, ainda, ser predominante a falta de comunicação externa e interna. Prevalecem, nos ambientes corporativos, o discurso descendente, a formalidade, a falta de *feedback*, o distanciamento humano, o tratamento frio e o comportamento mecânico.

Por mais que se destaque a importância da comunicação e da inovação, ainda persiste a existência de uma fronteira invisível delimitando o território organizacional, no qual parece proibido desenvolver atitudes criativas, pensamentos críticos, reflexão coletiva, enfim, relações humanas construtivas e produtivas.

Um bom ambiente de comunicação e relacionamento na empresa precisa ser a expressão verdadeira de uma cultura de valorização humana. A empresa produtiva e feliz não é mito, mas uma realidade que também pode ser consolidada no plano pessoal, com pequenos gestos e iniciativas simples, como: agir com bom humor e boa vontade, e, preferencialmente, aprender a reeducar-se para usar, com franqueza, as expressões "obrigado", "por favor", "como vai você?", "bom dia!".

Saber e querer comunicar são obrigações de todos, seja na esfera profissional, social ou familiar. No caso de uma empresa, especialmente, todos os funcionários, sem distinção de cargos ou função, devem estar empenhados em exercer o próprio papel nesse amplo processo de comunicação, conscientes de que o conceito público e a reputação da empresa resultam do somatório de esforços individuais.

Não adianta simplesmente censurarmos a empresa por não dispor de um bom sistema de informações. Se há ambiente de abertura para o diálogo, tudo mais será uma questão de exercitar, na prática, a comunicação e o relacionamento humano no dia a dia de trabalho. Com clareza, sinceridade e criatividade, somos capazes de informar, motivar, corresponsabilizar e integrar pessoas, grupos e equipes – ou seja, toda uma empresa.

7. Falta de *feedback* é fatal

Sem retorno, não há como conferir a eficácia da mensagem transmitida

•

"A palavra é metade de quem a pronuncia e metade de quem a escuta."

Michel de Montaigne

•

Um dos principais empecilhos para a melhoria da qualidade e produtividade dos projetos e processos de trabalho, identificado por algumas das maiores empresas internacionais de auditorias de qualidade, é a falta de *feedback* na comunicação humana e corporativa.

A comunicação, antes de ser instrumental, é humana. Necessita de resposta para se realizar, pois a informação sem retorno é uma comunicação falha e incompleta.

Damos *feedback* para:

- aprovar ou reprovar a mensagem recebida;
- revelar entendimento e compreensão da mensagem enviada;
- demonstrar inteligência e habilidade;
- expressar consideração e respeito;
- repreender ou elogiar o interlocutor;
- desabafar e sentirmo-nos aliviados;
- ajudar outra pessoa a alcançar os objetivos dela de maneira mais efetiva.

ALGUMAS DIFICULDADES – RELATIVAS AO EMISSOR DA MENSAGEM – EM RECEBER FEEDBACK

- É difícil dar *feedback* a uma pessoa que não está preparada para recebê-lo ou que não percebe a necessidade e a importância da retroalimentação na comunicação.
- Falta de abertura para o diálogo.
- Uma pessoa pode solicitar *feedback*, porém, a rigor, talvez prefira não recebê-lo por sentir-se despreparada para comentários ou críticas às próprias ideias.
- As pessoas tendem a perceber apenas o que lhes convêm, aquilo que se relaciona diretamente com o seu mundo pessoal.

- O interlocutor esquece, rejeita, reprime a mensagem ou porque ela contém elementos que não lhe interessam ou porque lhe são ameaçadores e contradizem aquilo que ele prefere.
- Tendência a distorcer e alterar a mensagem recebida a favor da própria conveniência.
- Julgamentos e preconceitos a respeito do emissor ou mesmo da mensagem, antes de examinar o respectivo conteúdo.
- Dificuldade em pedir esclarecimentos, mesmo havendo dúvidas quanto ao conteúdo da mensagem.

ALGUMAS DIFICULDADES – RELATIVAS AO RECEPTOR DA MENSAGEM – EM DAR *FEEDBACK*

- Desconhecimento do assunto em questão.
- Falta de esclarecimento dos objetivos do retorno.
- Inexistência de meios de comunicação apropriados.
- Falta de ambiente e de cultura favoráveis ao diálogo.
- Incompreensão do receptor para a linguagem e os conceitos utilizados.
- Inibição, introversão ou dificuldades em expressar-se.
- Inabilidade em perceber o momento e a ocasião mais adequados.
- Medo de magoar e desapontar o interlocutor.
- Receio de receber punições, retaliações ou reações de inimizades.
- Temor de ser mal interpretado.
- Quando a cultura tem certas normas contrárias à expressão de sentimentos pessoais.

REAÇÕES AO *FEEDBACK*

As pessoas costumam reagir das seguintes maneiras:

Positivas
- Escutam com atenção, buscando a correção dos erros e adequação da mensagem.
- Recebem o retorno na comunicação como um sinal de amizade e confiança.
- Motivam-se para a realização de uma atividade, projeto ou trabalho.
- Sentem-se valorizadas e respeitadas.

Negativas
- Preferem não ouvir o que lhes é dito – recepção seletiva.
- Duvidam dos motivos de quem lhe dá o *feedback*.
- Negam a validade dos dados do *feedback*.
- Racionalizam, procurando justificar seu comportamento.
- Atacam as pessoas que lhes dão *feedback*, apontando-lhes também alguns de seus erros.

18   Comunicação Aberta

COMO RECEBER *FEEDBACK*

- Ouça-o cuidadosamente e evite interrompê-lo.
- Saiba que é incômodo e, às vezes, até mesmo doloroso receber o *feedback* e respire fundo para relaxar e escutar.
- Faça perguntas se precisar esclarecer alguns aspectos.
- Reformule o que o outro está lhe dizendo para ter certeza se ouviu e entendeu.
- Reconheça o que é correto e adequado no *feedback* – concordar que seus relatórios estão atrasados é bem diferente de concordar que você é irresponsável.
- Assimile, com calma o que ouviu. Peça tempo para pensar, se necessário.

FALTA *FEEDBACK* NO MUNDO DA COMUNICAÇÃO

É impressionante como a falta de *feedback* é predominante no mundo corporativo. Por incrível que pareça, entre nós, profissionais de comunicação, esse é um hábito recorrente, altamente prejudicial à qualidade dos relacionamentos e ao *networking*.

Considero a comunicação sem *feedback* um processo incompleto. Costumo trabalhar o conceito da comunicação pela óptica do relacionamento, o que implica a interação entre emissor e receptor. Sem querer cair no clichê – mas acredito nisso piamente –, a comunicação é uma via de duas mãos.

O *feedback* é uma questão de educação e consideração. No mundo do relacionamento virtual, as pessoas estão cada vez mais ensimesmadas e sem tempo para o diálogo e a conversação. Tom Peters já disse: "Na era do e-mail, do poder do supercomputador, da internet e da globalização, a interação – uma prova de generosidade humana – constitui o melhor presente que podemos dar a alguém".

Em 1915, Thomas Edison disse em uma de suas cartas a estudantes: "Em muitas de minhas pesquisas e experiências, que se revelaram um verdadeiro sucesso, tive de esperar em vão qualquer tipo de retorno que pudesse ajudar o processo de rapidez de meu trabalho. É impressionante como o ser humano não se importa em responder a suas cartas e questionamentos enquanto você não é uma pessoa reconhecida e famosa".

Como já afirmamos, um dos principais empecilhos para a melhoria da qualidade e da alta *performance* – o termo da vez – de profissionais, projetos e processos de trabalho, identificado pelas maiores empresas de auditorias de qualidade, é a falta de *feedback* no processo de comunicação organizacional e humana. Podemos comprovar esse fato, sem a menor dificuldade, no nosso dia a dia profissional.

Como já observamos, a comunicação é um ato que precisa envolver compreensão mútua entre emissor e receptor. A comunicação efetiva só

Falta de *feedback* é fatal ▪ **19**

pode ocorrer se houver *feedback*. Sem ele, o emissor não terá como conferir a adequação e a eficácia da transmissão de sua mensagem. Conflitos, mágoas, ressentimentos, desentendimentos. O diagnóstico é simples: falta de *feedback*, ausência de diálogo, ou seja, muita transmissão de informação e pouca comunicação. Palavras, palavras, palavras, nada além de palavras, e pouco diálogo. Falar, ouvir e dar *feedback* – esse é o círculo virtuoso da comunicação sem complicação.

QUALIDADE NA TROCA DE INFORMAÇÕES

Nos ambientes corporativos, de maneira geral, são muito baixas a frequência e a qualidade na troca de informações. Muitos diagnósticos empresariais apontam a superação dessa questão como crucial para a melhoria do desempenho e de resultados, tanto no plano individual como no coletivo. Pesquisas nacionais e internacionais acerca do ambiente organizacional confirmam o fenômeno que entrava as comunicações, gerando relacionamentos conflituosos, boatarias e improdutividade.

A falta de *feedback* é uma complicação reconhecida pela grande maioria do público corporativo como um dos maiores problemas no ambiente de trabalho. Nesse sentido, torna-se imprescindível e estratégico o aprofundamento dessa matéria vital para a qualidade de vida e do trabalho nas empresas.

É muito comum reclamarmos da dificuldade em receber *feedback*, mas dificilmente reconhecemos a nossa inabilidade em dar *feedback*. De modo geral, não temos o hábito de retornar informações em nossos relacionamentos pessoais, sociais e profissionais. Chegamos ao cúmulo de não darmos *feedback* a nós mesmos – autocrítica – sobre nossas atitudes e comportamentos perante as situações que vivemos. Vale uma rápida análise antropológica, que tentaremos fazer sem nos desviar do assunto.

Não temos o hábito de dar *feedback*, pois reproduzimos o comportamento de uma sociedade condicionada apenas a "receber": receber de Deus, da natureza, dos pais ou responsáveis, do Estado, do patrão, do cliente. Queremos apenas receber, sem dar nada de qualidade em troca. Dessa forma, recebemos o dom da vida e a bênção da consciência (o homem é o ser que sabe que sabe), mas vivemos ensimesmados e egoisticamente sem os sentimentos de gratidão, compaixão e transcendência.

Recebemos da natureza nosso sustento biológico e orgânico, mas não cuidamos de respeitar e preservar o meio ambiente que nos sustém.

Recebemos o zelo, a atenção e o amor dos nossos pais ou responsáveis – dentro de suas limitações emocionais e psicológicas –, e não retribuímos na mesma proporção de suas necessidades e carências na velhice.

Recebemos do Estado, da sociedade e da nossa comunidade segurança e condições para a sobrevivência; e não dedicamos atenção para a manutenção das instituições públicas dentro dos princípios éticos de valorização do bem comum.

Recebemos do patrão o pagamento pelo nosso trabalho – sem entrar no mérito do conceito de "mais-valia" –; mas não aplicamos nosso interesse para desenvolver tarefas com o melhor do nosso desempenho para alcançar ótimos resultados.

Recebemos do cliente as demandas pelos nossos produtos e serviços; mas não desenvolvemos a excelência em atender a elas.

Independentemente de sistemas ideológicos, econômicos ou políticos, o ser humano tem uma forte tendência à lei do menor esforço de apenas obter, consumir, adquirir e receber, sem compromisso em dar, retribuir ou simplesmente agradecer. Ficamos na postura de eternos merecedores e reivindicantes de direitos, sem a contrapartida de assumir, com as devidas proporcionalidades, os respectivos deveres. Essa perspectiva aplica-se às dimensões existencial, pessoal, social, ambiental e profissional.

Essas considerações realçam o tendencioso comportamento humano de reclamar *feedback* sem a preocupação de realizar o que cobra dos outros. A superação desse obstáculo é um dos caminhos mais importantes para alcançarmos a comunicação sem complicação.

8. Comunicar é uma ação educativa
A educação é um processo dinâmico e interativo

"Ninguém educa ninguém, ninguém educa a si mesmo, os homens se educam entre si, mediatizados pelo mundo."
Paulo Freire

Muito mais do que ensinar ou aprender, seja presencialmente ou a distância, a educação é um processo dinâmico e interativo, caracterizado em sua essência pela transmissão e aplicação de valores. Educar é transmitir, pela exemplificação, valores de defesa da vida, direitos humanos, preservação ambiental, justiça social, cooperação, fraternidade, igualdade e solidariedade.

A frase do padre Antonio Vieira, dita em um sermão por volta de 1640, é lapidar: "As palavras movem, mas os exemplos arrastam". Com certeza, o melhor aprendizado para crianças e adultos não ocorre por meio da teoria dos discursos moralistas ou teses acadêmicas, mas com base no exemplo prático de atitudes, comportamentos e ações. A eficácia do processo de ensino e aprendizagem depende da motivação e vontade de aprender de cada indivíduo, que pode ser conscientizado e incentivado pelo exercício do diálogo e do relacionamento.

Assim como na comunicação, a educação envolve, basicamente, a capacidade de pensar e relacionar-se. Uma informação que recebemos não pode ser vista como comunicação ou educação. A informação é um conjunto de dados com um significado específico, que precisa ser assimilado, interpretado e compreendido para se transformar em conhecimento. E o conhecimento precisa ter aplicabilidade para que não se transforme em mero acúmulo de informações ou erudição de gabinete.

Se nas etapas de assimilação, interpretação e compreensão de uma informação, houver a intermediação de um agente incentivador desses processos, aí, sim, poderemos dizer que aconteceu um processo de comunicação e de ação educativa que ajudou a transformar um conteúdo informativo em conhecimento vivo. Nesse caso, ocorre o desenvolvimento da inteligência, a assimilação de um saber com aplicabilidade prática. Po-

22 Comunicação Aberta

demos chamar de educador, mestre ou professor esse agente de mediação e incentivador do pensamento reflexivo, que ajuda a acender a luz do conhecimento, correlacionando-o à busca da sabedoria e à arte de viver.

LEITURA DO MUNDO

A função básica da educação é incentivar as pessoas a pensar e refletir sobre a respectiva realidade. Paulo Freire chamava isso de "leitura do mundo", ou seja, saber contextualizar aquilo que estuda, buscando a relação de causa e efeito para os fatos e fundamentos de um conhecimento. É preciso correlacionar o conceito, o objeto de estudo, à realidade concreta e objetiva dele. Gustav Jung dizia mais – que é preciso compreender que a objetividade da civilização é constituída pela subjetividade de cada ser humano. Em outras palavras, precisamos diferenciar as cargas de percepções subjetivas para captar o máximo possível de objetividade de um fato ou conhecimento que buscamos compreender e interpretar.

O princípio básico da educação é saber comunicar-se com outro (interlocução) e consigo mesmo (intralocução). A forma mais eficaz de ajudar uma pessoa a se aprofundar em um conhecimento é pelo diálogo. O método dialógico, criado por Sócrates, consistia em incentivar o pensamento crítico e reflexivo de seu interlocutor por meio de perguntas óbvias, como: por quê? Por que agimos dessa forma? Por que não podemos fazer diferente? Por que brigamos se podemos conversar e trocar ideias sem tentar convencer o outro de que nosso ponto de vista é a única opção "certa"?

Buscando-se sempre priorizar inicialmente a busca do autoconhecimento – conhece-te a ti mesmo (intralocução) –, devemos, em seguida, amadurecer a ideia e as estratégias do desenvolvimento da inteligência coletiva, ou seja, a evolução compartilhada do conhecimento de modo geral. Entramos, assim, na seara da educação elementar, dos ensinos médio e superior e da formação profissional, que deveriam pautar suas metodologias pelo princípio do "aprender a aprender", ou seja, buscar o conhecimento com base em atitudes de curiosidade, intercâmbio de ideias e experiências, compartilhamento de emoções e sentimentos e abertura ao diálogo e ao relacionamento humano.

Para que a ação transformadora da educação se processe, é preciso haver interação humana, conversação, debates de ideias e, consequentemente, a conectividade de intenções, a concretização de ações inclusivas e trabalho em equipe. Paulo Freire era categórico ao afirmar que a inteligência humana se desenvolvia a partir de ações mútuas entre indivíduos e seu meio comunitário, social e político.

DINÂMICA CONSTRUTIVISTA

A educação já deveria estar consolidada como uma dinâmica construtivista, na qual todos os envolvidos no processo desempenhassem funções de educadores e educandos. Isso não é uma digressão ou viagem poética, é uma constatação aplicada, ao longo da história da civilização, por filósofos, educadores, pedagogos, como Sócrates, Platão, Aristóteles, Piaget, Vygotsky, Freinet, Montessori, Anísio Teixeira e Paulo Freire.

Pena que, em escala mundial, os sistemas oficiais de educação tenham desconsiderado essa evolução e optado pelo modelo de ensino mediocrizante e, no dizer de Paulo Freire, "bancário", que privilegia a memorização mecânica em detrimento da reflexão orgânica. Infelizmente, as escolas não assumiram o compromisso de educar os alunos para o pensamento crítico, a investigação e a criatividade. De modo geral, os alunos são tratados como receptáculos de instruções técnicas, com as quais são treinados a não pensar e induzidos a reproduzir informações preestabelecidas e dogmáticas.

A busca do conhecimento deveria estar estreitamente relacionada à habilidade de pensar, dialogar e se comunicar, enfim, saber interagir com as diversidades e subjetividades humanas.

Ensinar e aprender fazem parte de um processo interativo que contempla o inter-relacionamento e a conectividade entre pessoas, que, por sua vez, são formadas por percepções, ideias, atitudes, sentimentos, comportamentos, crenças e culturas diferentes. Daí, a importância de aprofundarmos a reflexão sobre o tema educação abordando a relevância do diálogo e da convivência das diversidades, ou seja, pela óptica e pela ética da comunicação plena e do relacionamento humano.

A educação formal transformou-se em um sistema falido, que tenta reproduzir perfis pré-moldados de robôs para desempenharem aquilo que convencionou-se pelo mercado como o mais oportuno e lucrativo. O resultado pode ser mensurado nos baixíssimos índices de motivação e engajamento dos jovens pelo estudo e pela pesquisa. Sem querer incorrer em reducionismos, podemos afirmar que a onda de crimes com armas de fogo em escolas é reflexo de um modelo de sociedade em ponto de saturação. Os padrões de produção e consumo da sociedade de massa coisificam o ser humano, transformando-o em massa de manobra, ou, como dizia Nietzsche, em "ovelha de um rebanho sem noção a caminho do precipício da existência sem sentido".

EDUCAÇÃO LIBERTÁRIA

O grande pensador indiano, Krishnamurti, afirmava que o ser humano se prende a condicionamentos culturais que o impedem de perceber a vida de forma mais libertária, criativa e construtiva. A seu ver, a educação passava pelo caminho de libertar corações e mentes dos condicionamentos mecânicos e irrefletidos que somos impelidos a repetir e propagar desde pequenos.

Pense diferente, aja diferente e descubra um mundo de possibilidades de inovações, soluções e superações. O mundo precisa encontrar o caminho de uma educação libertadora, que incentive os jovens a expandirem seu potencial de criação, empreendedorismo e desenvolvimento intelectual e emocional. Escutamos muitos profissionais jovens dizendo que todas as teorias que decoraram na faculdade só foram compreendidas mesmo na prática do trabalho. A educação ocorre, de fato, fora das paredes da escola formal e burocratizada, com o exemplo dos pais, professores, governantes e, também, pelas conversas e pelos relacionamentos com amigos e familiares.

A única forma de reinventar a educação, como dizia Paulo Freire, é trazê-la ao cotidiano do aluno, tornando a vivência e as experiências do indivíduo parte efetiva da escola – aí, sim, a educação será libertária, construtiva e comprometida com o desenvolvimento e a evolução da sociedade e do comportamento humano.

Todas as instituições de ensino e, de modo geral, as áreas que cuidam do desenvolvimento profissional e humano nas empresas deveriam consolidar, em suas programações, iniciativas voltadas para o aprimoramento da comunicação e dos relacionamentos interpessoal e intergrupal. De nada adianta a virtuosidade de líderes ou profissionais geniais que não sabem se comunicar ou se relacionar com a diversidade humana. Por isso, mais do que nunca, comunicação e relacionamento humano precisam estar integrados aos programas de ensino e qualificação.

Será por intermédio da educação, da comunicação e da convivência criativa das diversidades que encontraremos as soluções para os graves problemas sociais, ambientais e econômicos que afligem a humanidade de maneira tão avassaladora.

9. Rompendo barreiras na interação humana
Superar a incomunicabilidade é fundamental

∎

"A comunicação exige a experiência compartilhada."
Peter Drucker

∎

A história das empresas evidencia que os problemas de comunicação são os principais responsáveis pela grande maioria das crises de gestão, desacertos gerenciais e conflitos interpessoais.

A abertura para o diálogo é a melhor solução para concretizarmos a comunicação sem complicação. O líder, com atitudes voltadas para o diálogo, favorece o fortalecimento de ambientes organizacionais de integração e de corresponsabilização para a superação de desafios e metas.

Essa é a conclusão a que podemos chegar ao nos dispormos a pensar, ou melhor, a dialogar com nós mesmos, sobre a relação de causa e efeito entre comunicação eficaz e ações bem-sucedidas. Essa equação pode ser aplicada em áreas de atuação humana.

Infelizmente, de modo geral, a falta de diálogo é predominante nas relações entre chefe e subordinados. Isso é péssimo para a qualidade de vida no trabalho, pois as pessoas acabam enveredando pelo caminho do conflito e da competição predatória, em vez de buscar o entendimento e a cooperação construtiva.

No ambiente corporativo, há uma tendência, ou melhor, um condicionamento negativo e ultrapassado, que expressa o dito popular "manda quem pode, obedece quem tem juízo". A prática tem demonstrado que a relação entre chefe e subordinado mudou para a interação de líder e equipes, ou seja, todos são responsáveis pela busca dos melhores desempenhos e resultados do grupo.

Todo colaborador deve assumir uma postura empreendedora e dinâmica dentro da empresa para a qual trabalha. É dessa iniciativa que surgem as melhores ideias para os negócios. Precisamos vivenciar melhor a máxima segundo a qual cada um depende de todos e todos dependem de cada um.

COMO SUPERAR OS CINCO MAIORES OBSTÁCULOS NA COMUNICAÇÃO ENTRE LÍDERES E EQUIPES

Costuma-se falar que vivemos na era das comunicações. Porém, diante dos diversos problemas organizacionais, gerenciais e pessoais ligados à incomunicabilidade, o mais correto seria dizer que vivemos na era dos instrumentos de comunicação. O problema da falta de comunicação e da solidão humana não é instrumental, mas, essencialmente, comportamental. A comunicação virtual da internet e das intranets não tem a mesma força que o diálogo real do contato direto pessoa a pessoa. Não são computadores e celulares que favorecerão a melhoria da comunicação na sociedade e nas empresas, mas o incentivo à consolidação dos valores humanos. A comunicação é humanizadora, principalmente quando valorizada na dimensão pessoa a pessoa, face a face, olho no olho.

Peter Drucker destacava o *feedback* e o diálogo (falar e ouvir/ouvir e falar) como fatores fundamentais para o sucesso de pessoas e empresas: "Não pode haver comunicação efetiva se ela for concebida como indo de 'mim' para 'você'. A comunicação funciona somente 'entre nós', ou de uma pessoa para outra e vice-versa. A comunicação em uma organização – e essa pode ser a verdadeira lição que aprendemos de nosso fracasso na comunicação e a verdadeira medida de nossa necessidade de comunicação – não é um meio de organização; ela é o modo de organizar".

Pessoas que se fecham em si mesmas são incapazes de pensar e refletir sobre seus valores, procedimentos, atitudes e comportamentos. A falta de diálogo predispõe posturas arrogantes e condutas agressivas, que, na verdade, expressam uma tremenda necessidade de autoafirmação e inabilidade para o relacionamento.

Empresas e pessoas ensimesmadas não conseguem perceber a riqueza de soluções que se encontra nos outros e que pode ser descoberta com a abertura para o diálogo. Grandes oportunidades e novos negócios podem surgir da simples dinâmica de conversação e de relacionamento humano. É forte a tendência de sucesso das empresas que buscam interagir e se comunicar com seus colaboradores, clientes, fornecedores e a sociedade de modo geral.

O segredo do diálogo bem-sucedido é simples. Antes de tudo, é necessário um estado de espírito favorável à convivência da diversidade humana. Daí em diante, a comunicação eficaz resultará da postura de saber ouvir e dar retorno ao interlocutor. É ter interesse pela opinião do outro. É ter abertura para compartilhar informações, ideias, sentimentos, sempre respeitando as diferenças e os pontos de vista divergentes do nosso. Não podemos considerar nossa opinião uma verdade absoluta e inquestionável. Precisamos ter flexibilidade para rever conceitos e refletir sobre a lógica de opiniões contrárias às nossas.

É importante atentarmos para o maior obstáculo da eficácia na comunicação: a falta de retorno para quem transmite a mensagem. Sem *feedback*, não há realimentação do processo de comunicação, que se realiza em via de duas mãos.

Na empresa, o hábito do *feedback* pode ser estimulado por canais oficiais de comunicação como eventos de dinâmica de grupo entre dirigentes e colaboradores, jornal dos funcionários, ouvidoria interna, blogs corporativos e pesquisa de clima organizacional. Porém, a melhor fonte de *feedback* concretiza-se no diálogo franco e aberto da comunicação face a face. Antes de ser instrumental, a comunicação é essencialmente humana e extremamente humanizadora.

Necessita de resposta para se realizar, pois a mensagem sem retorno é uma comunicação falha e incompleta. Não adiantam e-mails, intranet e telefones celulares se não houver cultura de diálogo e abertura para a conversação.

A tecnologia viabiliza o acesso às mais diversas fontes de informações e conhecimento. Precisamos desenvolver a habilidade seletiva com o exercício do pensamento crítico e reflexivo. Grandes inovações, melhoria de qualidade em processos e projetos de trabalho e aperfeiçoamentos de produtos e serviços podem surgir de uma simples conversa informal ou da troca de opiniões e ideias ao desempenharmos uma tarefa. O diálogo no ambiente de trabalho é tão importante para a produtividade e competitividade da empresa como também para a realização e felicidade das pessoas que para ela trabalham.

Tanto para pessoas como para empresas, dos mais diversos portes, a evolução passa pelo circuito virtuoso do diálogo, base sólida para o crescimento e o desenvolvimento.

RESISTÊNCIA EM OUVIR O QUE OS OUTROS TÊM A DIZER

Saber ouvir é o fator mais importante para o êxito na comunicação e, ao mesmo tempo, um dos aspectos mais negligenciados no seu processo. De modo geral, pessoas e empresas se ocupam mais em falar, em determinar seus conceitos e preconceitos, expressar suas opiniões e ditar regras, do que ouvir seu interlocutor ou estabelecer uma dinâmica de diálogo com os *stakeholders* (partes interessadas).

Saber ouvir transcende o ato de escutar quem fala – é compreender a pessoa que se expressa; entender a mensagem que se transmite; assimilar o que é dito por palavras, atitudes, gestos ou silêncio; perceber a grandeza da essência da comunicação e do diálogo; alcançar a plenitude do relacionamento humano. É dar e receber informações e emoções.

Ouvir é uma qualidade essencial para aperfeiçoar qualquer tipo de relacionamento. Saber ouvir é um dos mais difíceis fatores a serem observados e uma das causas principais de insucesso nas comunicações. Ao se preocupar exageradamente com "o quê" e "como dizer" descuida-se, quase sempre, das reações do interlocutor. Com isso, deixa-se de diagnosticar interpretações erradas e resistências. Acredita-se mais na fluência verbal, quando, na verdade, o êxito da comunicação reside na motivação e capacidade dos ouvintes em transformar em atos as palavras proferidas.

Saber ouvir exige quase sempre esforço reeducativo, pois somos muito mais condicionados a falar e só ouvir o que julgamos ser do nosso interesse. No entanto, tão importante quanto saber falar é saber ouvir. Aliás, é fundamental saber ouvir para saber falar.

Embora ouvir exija tempo, a opção de não ouvir significará irremediavelmente maiores desgastes pelos problemas que acarretará mais cedo ou mais tarde.

No plano pessoal, os indivíduos mais realizados e felizes são aqueles que escutam sua voz interior e se abrem à compreensão do outro e de si mesmos. Na área profissional, são mais bem-sucedidos aqueles que escutam suas vocações, pois se entregam à superação dos desafios com entusiasmo e obstinação, conquistando, assim, fontes inesgotáveis de trabalho e renda. No campo empresarial, os empreendimentos de maior sucesso são sempre aqueles que ouvem seus clientes e buscam atender às reais demandas do mercado. Vemos, então, que, nessas três dimensões, saber ouvir é condição fundamental para a conquista de grandes vitórias.

INABILIDADE EM SABER DAR E RECEBER *FEEDBACK*

Uma das reclamações mais constantes relacionadas à comunicação empresarial diz respeito à falta de *feedback* entre a direção e o corpo funcional da empresa, o que acaba se refletindo e se perpetuando em todo o ambiente organizacional.

A comunicação necessita de resposta para se concretizar efetivamente, pois a mensagem sem retorno se constitui em uma comunicação falha e incompleta. Infelizmente, as empresas tendem, quase sempre, a utilizar canais formais e burocráticos de comunicação. Há uma grande preocupação com a eficácia dos mecanismos de transmissão da mensagem, e não propriamente com a compreensão do respectivo conteúdo. Dessa forma, fica difícil incentivar pessoas e equipes para a superação de desafios e metas.

Sem *feedback*, não há realimentação na comunicação, o que acaba por inviabilizar a eficácia do ato, ou seja, o receptor compreender o que o emissor quis transmitir. Sem contato humano, não há interação com o interlocutor, o que não favorece a compreensão das diversas intenções que uma mensagem pode conter muito além das palavras que compõem o discurso.

O *feedback* é um processo que promove mudanças de atitudes, comportamentos e pensamentos. É a realimentação da comunicação com uma pessoa ou grupo no sentido de informar-lhe como a própria atuação está afetando outras pessoas ou situações. O *feedback* eficaz é aquele que ajuda pessoas e grupos a melhorarem seus desempenhos.

O sucesso máximo em uma situação de *feedback* ocorre no momento em que, ao dar *feedback* para você, eu me conscientizo de que ele também é útil para mim. Relembramos o que disse a grande poeta goiana Cora Coralina, "feliz aquele que transfere o que sabe e aprende o que ensina".

MUITA AÇÃO E POUCA REFLEXÃO

Desde pequenos, na escola, somos condicionados a memorizar conceitos, definições e fórmulas sem questionar, em busca de notas para aprovação. No mundo empresarial, somos induzidos a agir de forma reativa para alcançar os melhores resultados. É a predominância do ativismo, em que ninguém tem tempo para pensar. De preferência, é melhor não refletirmos sobre o que tem de ser feito. Sem buscar sentido ou razão, precisamos executar tarefas, atingir objetivos e superar metas, apresentando as mais altas *performances*.

Se pararmos para pensar e refletir um pouco, veremos não ser possível concretizar uma realidade de qualidade de vida, dentro de um modelo único que inibe o pensamento crítico, em prol da máxima produtividade e rentabilidade. A percepção da dissonância cognitiva como algo positivo requer a abertura para o diálogo interior (intrapessoal) e exterior (interpessoal). Isso só se viabiliza pelo exercício do pensamento crítico e da reflexão individual e coletiva.

Lideranças e empresas já se conscientizaram sobre a questão e buscam, por meio de programas de educação corporativa, favorecer o exercício do pensamento reflexivo para a construção de uma realidade empresarial mais humana, feliz, criativa e inovadora.

INAPTIDÃO PARA CONVIVER PRODUTIVAMENTE COM AS DIFERENÇAS

A dificuldade de se encontrar solução para os problemas ligados à falta de comunicação está exatamente na falta de uma educação norteada pela cultura do diálogo, pelo ato de refletir em grupo e pensar com espírito de compartilhamento, respeitando as diversidades culturais e ideológicas de cada pessoa ou grupo, para consolidar um ambiente de convivência das diferenças, aliás, esse é o princípio básico da democracia.

Se as diferenças são aceitas e tratadas em aberto, a comunicação flui fácil, em dupla direção, as pessoas ouvem as outras, falam o que pensam e sentem e têm possibilidades de dar e receber *feedback*.

FALTA DO COMPARTILHAMENTO DE INFORMAÇÕES, OPINIÕES E SENTIMENTOS

Em 1930, Anísio Teixeira falava sobre a função social e educativa da escola como um ambiente de transmissão de valores e formação de cidadãos responsáveis por si e por todos. Esse brasileiro, um dos pioneiros da Filosofia da Educação, foi buscar no famoso lema dos Três Mosqueteiros, "um por todos e todos por um", um jeito melhor de afirmar que a educação deve conscientizar o ser humano para a perspectiva da interdependência. É uma visão holística e libertadora do caráter comunicativo do ser humano, que só se realiza a partir do diálogo com as pessoas e com o mundo.

De nada adianta a virtuosidade de líderes ou profissionais geniais que não sabem se comunicar ou se relacionar com a diversidade humana. Por isso, mais do que nunca, comunicação e relacionamento humano precisam estar integrados aos programas de ensino e capacitação. Será por meio da comunicação e da convivência das diversidades que encontraremos as soluções para os graves problemas sociais, ambientais e econômicos que afligem a humanidade.

10. Comunicação estratégica para empresas familiares

Profissionalização da gestão se consolida com o reconhecimento
da função estratégica da comunicação

"A comunicação é um processo amplo, que abrange todas as pessoas de uma organização e está balizada por relacionamentos intensos e permanentes com os públicos internos e externos e dos públicos internos entre si."

Wilson da Costa Bueno

Para fixar com exatidão a imagem de uma empresa, é necessário adequá-la aos novos tempos caracterizados por uma sociedade cada vez mais crítica e engajada. Nesse contexto, a comunicação passou a fazer parte do próprio negócio, agregando valores a produtos e serviços.

No caso da empresa familiar, o processo de profissionalização se consolidará pelo reconhecimento da função estratégica da comunicação como instrumento de gestão corporativa, de integração do corpo funcional e de fidelização dos clientes externos. As lideranças que se identificam com a cultura do diálogo conseguem superar desafios e metas pela concretização de um ambiente organizacional de coesão e corresponsabilização por resultados. E, ainda, pela capacidade de ouvir e compreender as reais necessidades dos clientes e as tendências do mercado.

O reconhecimento da comunicação e do diálogo como componentes básicos do espírito de um modelo de gestão profissionalizado viabiliza a sustentação dos princípios da Governança Corporativa. Transparência de compromissos, responsabilidades e resultados são explicitados em um verdadeiro pacto de convergência por objetivos comuns. Nesse ponto, encontra-se um dos principais pilares da Empresa Familiar Profissionalizada.

DIÁLOGO É ESTRATÉGIA DE COMUNICAÇÃO

A comunicação corporativa é um processo diretamente ligado à cultura da empresa, isto é, aos valores, ao comportamento das suas lideranças e às crenças dos seus profissionais.

Não adianta a empresa importar modelos de controle de qualidade e sistemas de tecnologia da informação se, internamente, não existe um ambiente de abertura para a conversação e a troca de opiniões. Uma questão é certa: a má comunicação só traz complicação e prejuízo. Estatísticas mos-

32 Comunicação Aberta

tram o grande número de falências de empresas que não souberam superar um contexto de crise econômica devido à inabilidade em negociar e conversar, ou melhor, ouvir clientes, fornecedores e funcionários.

Da mesma maneira, de nada vale produzir um jornal dos funcionários, implantar rádio ou televisão corporativa ou, ainda, criar programas de debates e reflexão se as lideranças da empresa não se entendem e não se respeitam. Só uma cultura de comunicação consolidada é capaz de promover terreno propício para, a partir de uma salutar troca de ideias e opiniões, simplificar e solucionar os problemas organizacionais que, na maioria das vezes, estão ligados à desvalorização do relacionamento humano.

FORTALECIMENTO DA MARCA

A empresa moderna necessita estar presente junto a seus públicos interno e externo, tanto para divulgar o que produz como para fortalecer a sua reputação e firmar a sua marca no mercado.

A vantagem competitiva da empresa está diretamente relacionada à estratégia de comunicação com seus *stakeholders*, ou seja, à forma como ela se relaciona com seus clientes internos e externos – pessoa física, jurídica ou institucional –, públicos que, de alguma maneira, são influenciados pelas ações da empresa ou que, reciprocamente, exercem tal influência. Esses grupos ou indivíduos são o público interessado, que deve ser considerado um elemento essencial na estratégica de negócios.

De modo geral, as empresas familiares caracterizam-se pela informalidade na comunicação e, ao mesmo tempo, pela falta de organização no fluxo de informações funcionais e operacionais. Pesquisas indicam que a proximidade da cultura familiar no ambiente de trabalho favorece a eliminação de alguns obstáculos habituais na comunicação organizacional, como a rigidez da formalidade e a padronização de normas inflexíveis.

Essa característica pode indicar uma predisposição para a abertura ao diálogo e maior facilidade para a transmissão de informações ligadas aos objetivos e metas da corporação. Porém, não é bem isso o que acontece. No caso de micro e pequenas empresas, essa fórmula pode até mesmo ser favorável. No entanto, para empreendimentos que funcionam dentro dos princípios de gestão e estrutura empresarial, a falta de sistemas de informações gerenciais pode ser um verdadeiro desastre.

Para companhias de médio e grande porte, a informalidade na comunicação acaba se tornando fator proibitivo, pois torna o fluxo de informações funcionais e operacionais desordenado e sujeito a erros de interpretação e de deturpação do sentido. Enquanto para uma pequena empresa a informalidade é, até certo ponto, desejável, para empresas médias e grandes, ela pode significar um sério motivo de improdutividade e insucessos.

Não podemos confundir informalidade com ambiente de abertura para o diálogo e a troca de ideias, opiniões e sentimentos. Este, muito pelo contrário, é fator muito favorável e motivador para o alcance de bons resultados e consolidação da competitividade de empresas de qualquer porte. Contudo, um empreendimento de estrutura empresarial precisa dispor de normas e procedimentos de atuação bem definidos. A comunicação deve ser favorecida pela consolidação de canais e instrumentos formais que favoreçam o ordenamento do fluxo de informações na empresa.

Ao mesmo tempo, a informalidade na comunicação deve ser preservada como um dos valores da empresa, no sentido de reconhecer o direito e estimular a responsabilidade de todo cidadão no exercício pleno da liberdade de expressão. Dessa maneira, as empresas, familiares ou não, encontram o ponto de equilíbrio para a sua sustentabilidade na difusão de informações, na divulgação de notícias, na multiplicação de conhecimentos, no compartilhamento de opiniões e nos debates de ideias.

É com esse ambiente de organização e abertura para a comunicação que a empresa consolida a cultura da qualidade e produtividade no trabalho. Partindo dessa premissa, a empresa familiar entrará em um ciclo virtuoso de evolução cultural. Isso poderá culminar na explicitação dos seus princípios e valores em uma efetiva política de comunicação, abrangendo o seu relacionamento com diversos públicos estratégicos.

11. Linha aberta para o empreendedorismo

O segredo do sucesso em tempos de crise

▪

"Aventurar-se causa ansiedade, mas deixar de arriscar-se é perder a si mesmo... E aventurar-se no sentido mais elevado é precisamente tomar consciência de si próprio."

Søren Aabye Kierkegaard

▪

Nos contatos com grandes empreendedores que se tornaram empresários bem-sucedidos, pude reparar que todos tinham em comum o domínio da arte da comunicação. É bom ficar claro desde o início que essa qualidade não é destacada pela capacidade de eloquência ou retórica, mas pela habilidade de saber relacionar-se e transmitir ideias com clareza, objetividade e simplicidade.

Todo bom empreendedor chama a atenção pela sua aptidão em entusiasmar as pessoas com ideias e projetos que tem. Quase sempre, os empreendedores são persuasivos e convincentes pelo carisma de abertura para o diálogo e pela atitude de comunicação

O empreendedor comunicativo é capaz de estabelecer ampla rede de relacionamentos profissionais e de articulação de novos negócios. Sua competência em dialogar, expressar opiniões e ideias e estabelecer relacionamentos favorece a superação de conflitos, a busca de entendimentos em processos de negociação e a capacidade de integrar pessoas e equipes em torno de metas e objetivos comuns. Podemos enumerar algumas das competências, ligadas à comunicação, dos empreendedores de sucesso:

- sabem analisar os principais conceitos e definições do processo de comunicação humana e empresarial;
- desenvolvem estilo próprio e assertivo de convencimento dos seus interlocutores;
- dominam os princípios e técnicas da comunicação como instrumento estratégico para iniciativas inovadoras;
- buscam conhecer os conceitos da Comunicação Corporativa para consolidar a prosperidade dos seus negócios;
- aplicam a comunicação como um mecanismo, em permanente desenvolvimento, pelo qual as relações humanas e profissionais existem e se desenvolvem;

- buscam corrigir as falhas habituais na comunicação que acarretam improdutividade e erros no trabalho;
- desenvolvem o hábito do diálogo e a da abertura para a comunicação como fonte de resolução de conflitos e problemas nas esferas empresarial, profissional e pessoal;
- buscam planejar e executar projetos de comunicação voltados para os públicos interno e externo (*stakeholders*);
- têm iniciativa empreendedora para o planejamento e desenvolvimento de projetos de comunicação empresarial.

Não basta saber. É preciso saber fazer e querer fazer acontecer de verdade. Na comunicação empreendedora, o emissor assume o papel de protagonista e agente de transformação. Ele sabe falar e calar, sabe ouvir os outros e a si mesmo, e, o mais importante, sabe dar e receber retorno na comunicação.

Acabamos de descrever a competência comportamental do líder comunicador-empreendedor. Vejamos agora como viabilizar esse perfil em todos os níveis de uma empresa.

ESTRATÉGIA DA COMUNICAÇÃO EMPREENDEDORA

Comunicação e motivação consubstanciam uma relação de causa e efeito. Em um ambiente em que haja comunicação e diálogo, existe motivação para superar crises e desafios. Quando existe uma relação de confiança e de entendimento entre dirigentes e funcionários, uma crise pode servir para unir e entusiasmar profissionais a buscarem inovações capazes de favorecer a conquista das metas mais ousadas.

A maioria das empresas prefere resolver as crises de portas e bocas fechadas. A direção resolve e ninguém fica sabendo. Algumas vezes, dá certo, mas, quase sempre, o resultado é medíocre e o problema retorna pior do que antes. Se uma mudança estratégica ou uma crise interferem diretamente na atuação do funcionário, a transparência, a honestidade e a ética são fundamentais, pois, sem elas, dificilmente a empresa conseguirá o engajamento dos seus colaboradores na busca de soluções.

Um ambiente favorável à comunicação interna, com lideranças engajadas em promover e consolidar a Cultura do Diálogo é capaz de encorajar a manifestação de ideias e sugestões que podem originar inovações e identificar soluções altamente rentáveis para a empresa como um todo. A transparência das ações, a honestidade de propósitos e a ética corporativa trafegam necessariamente pelo caminho da abertura para a comunicação. Em um quadro de crise empresarial, independentemente de ser patrão ou empregado, a Cultura do Diálogo cria vínculos que se traduzem em com-

36   Comunicação Aberta

portamentos positivos e proativos, ou seja, o gestor presta, de fato, atenção ao que o colaborador tem a falar e vice-versa.

Na verdade, o gerente não ocupa esta posição para dar ordens inquestionáveis, mas para prestar atenção ao que o funcionário diz e procurar gerar um clima de envolvimento e motivação pelo trabalho. Afinal, todos estão ali para que se cumpram a missão, os objetivos e as metas da empresa, que, supõe-se, sejam de conhecimento amplo e orgânico de todos que para ela trabalham.

A improdutividade, a perda de clientes, o defeito de máquinas e equipamentos, os acidentes de trabalho e o não cumprimento de prazos e metas são algumas das consequências da falta de diálogo e comunicação nos empreendimentos. É comum, em um ambiente avesso à conversação, a distorção das informações administrativas e gerenciais, o que ocasiona grandes índices de desperdício e altos custos oriundos do trabalho que precisa ser refeito.

Conflitos, brigas e disputas internas – entre diretores, gerentes e funcionários – são consequências muito comuns e constantes nas empresas que desconsideram a importância do diálogo.

Na atualidade, o maior desafio do mundo empresarial é incentivar o saudável exercício do diálogo aberto e franco, sem rodeios ou intolerâncias, favorecendo assim a convivência das diferenças. A diversidade de pensamento contribui para o enriquecimento da criatividade da empresa na busca de soluções e inovações. Isso depende apenas de uma estratégia de diálogo, que envolva a participação de todos no processo de planejamento para o sucesso.

De uma coisa, não resta dúvida: o sucesso do empreendedor e dos empreendimentos dependem, necessariamente, da compreensão e aplicação da Cultura do Diálogo, tendo como base o relacionamento humano. Esse é o principal segredo para o sucesso na prospecção de novos negócios e para a prosperidade das iniciativas empreendedoras.

12. Administração sem burocratização
É preciso atenção para o controle não gerar burocracia

"Na burocracia, as pessoas tendem a ser reduzidas a um número, a um código, a uma descrição sumária num formulário padronizado. A burocracia tem um ideal: transformar todos em ninguém."

Francisco Gomes de Matos

Um paradoxo tem importunado muitas empresas: em busca de certificações de excelência em gestão, elas têm ressuscitado o dinossauro da burocracia. O foco em regras e procedimentos padrões, como engrenagens de uma máquina para a obtenção de certificações, tem favorecido o desenvolvimento de projetos de comunicação apenas como mais um quesito a ser cumprido nessa odisseia.

A desmesurada busca de projetos e processos "em conformidade" tem isolado empresas e profissionais em uma mentalidade avessa à riqueza do relacionamento humano concretizada no diálogo, na troca de ideias, sentimentos e emoções. Essas são as mais poderosas fontes de qualidade, produtividade e competitividade.

A princípio, não há nada contra as certificações de qualidade. Muitas empresas brasileiras ganharam projeção internacional após a consolidação da cultura da qualidade. Porém, há um problema crucial quando procedimentos e normas engessam a criatividade e a inovação da cultura de uma empresa. Todo empreendimento empresarial precisa contar com a flexibilidade proporcionada pelos processos de interação humana, viabilizados efetivamente pela comunicação interpessoal, caracterizada pelo contato direto pessoa a pessoa na busca da superação dos mais diversos problemas administrativos e corporativos.

Chiavenato destaca em seu livro *Administração nos novos tempos* (2014) que "a função administrativa que possa monitorar, acompanhar, aliar, medir e assegurar que a organização esteja no rumo certo produzindo os resultados esperados e alcançando os objetivos propostos".

Complementando Chiavenato, podemos mencionar Peter Drucker, que associou a importância do controle ao desenvolvimento dos processos de comunicação e gestão do conhecimento na empresa.

Segundo Drucker, administrar é aplicar o conhecimento à ação. "É preciso transformar informação em conhecimento e este em ação efetiva", afirmava ele ressaltando que "a organização não é regida por forças físicas nem biológicas, mas por confiança, entendimento mútuo, motivação. E tudo isso exige conhecimento de toda a organização, de suas missões, de seus valores, de suas metas, de seu desempenho". Ele era categórico ao valorizar a função estratégica da comunicação e do compartilhamento do conhecimento para neutralizar os malefícios da burocracia: "todos precisam saber por que fazer, o que fazer e como fazer".

Precisamos estar atentos e fortes para trilharmos caminhos mais humanos e dignificantes nas empresas, consolidados por meio do diálogo e do relacionamento humano, garantidos pelo engajamento consciente de cada pessoa, e não por normas e regras burocráticas sem sentido, impostas apenas pela conveniência das conformidades.

> "É muito fácil continuar a repetir as rotinas, fazer as coisas, como têm sido feitas, como todo mundo faz. As rotinas e repetições têm um curioso efeito sobre o pensamento: elas o paralisam. A nossa estupidez e preguiça nos levam a acreditar que aquilo que sempre foi feito de um certo jeito deve ser o jeito certo de fazer."
>
> *Rubem Alves*

13. Falta de comunicação desintegra pessoas e equipes

Comunicações deficientes e a falta de integração explicam os fracassos empresariais

■

"A comunicação representa um aspecto extremamente amplo tanto na vida das pessoas como na das organizações. Estima-se hoje que a comunicação cobre mais de três quartos da vida ativa de cada ser humano. Os gerentes e administradores a usam em maiores proporções em seu tempo de trabalho nas organizações. O processo de intercambiar e processar informação significa uma atividade constante e ininterrupta seja na vida individual, social e organizacional."

Idalberto Chiavenato

■

Conversa entre dois gerentes de uma grande indústria:
— Dizem que o Projeto de Qualificação foi criticado pelo diretor...
— Soube que tem muita gente a favor desse projeto, mas também tem muita gente contra...
— É... não é fácil, não! Deixa rolar! Vamos fazer a nossa parte e deixar acontecer o que tiver de acontecer...
— É... pode ser...

■

Dois fatores podem ser identificados como causas de fracassos em grandes, médias e pequenas empresas: comunicações deficientes e falta de integração.

O problema das comunicações precárias se refletirá seguramente em dificuldades de integração e de corresponsabilização por objetivos e metas em comum. A má comunicação, pela insegurança que gera e pela sensação de perda de controle, estimula os estilos centralizadores e autoritários de gestão. O clima decorrente fomenta relações conflituosas e boatarias. Tende a transformar a produtividade coletiva em disputas predatórias e egoísticas, geradoras de relações hostis e desagregadoras.

A Comunicação Empresarial é um instrumento básico para a saúde orgânica da cultura – reforçando a missão e valores corporativos – e da visão estratégica – reforçando a unidade de pensamento e de ação –, algo muito

40 Comunicação Aberta

diferente do pensamento único, esse, sim, fator característico de ambientes de incomunicabilidade.

A comunicação precária seguramente se refletirá em conflitos interáreas, comportamentos individualistas, atitudes ensimesmadas e dificuldades no relacionamento humano.

A comunicação interpessoal é uma fonte segura e inesgotável de geração de ideias e soluções. De uma simples conversa informal, podem nascer ideias inovadoras, soluções criativas, projetos pioneiros, aperfeiçoamento de processos e iniciativas empreendedoras. Mas uma simples conversa informal também pode ser meramente a expressão do conformismo e da falta de motivação.

Guiadas por essa conclusão, muitas empresas começaram a incentivar a realização de encontros periódicos de conversação, reunindo dirigentes e funcionários para a reflexão coletiva e dialogada sobre temas diretamente relacionados ao cotidiano de trabalho. O sucesso dessas iniciativas costuma aparecer nos resultados positivos das pesquisas de clima organizacional, indicando a melhoria dos ambientes de trabalho, na linha do entendimento, integração, cooperação, comprometimento e motivação. Dessa maneira, as coisas podem ser bem melhores para todos.

A **comunicação aberta contribui** para:

- incentivar a convivência produtiva e criativa das diferenças;
- gerar acordos de convívio e entendimentos entre pontos de vista diferentes;
- melhorar os relacionamentos interpessoais;
- encorajar o compartilhamento de informações e conhecimentos;
- favorecer a coexistência harmoniosa das diversidades humanas;
- gerar maior integração entre pessoas, equipes e áreas de trabalho da empresa;
- estimular atitudes e comportamentos de abertura ao diálogo, cooperação e relacionamento humano;
- favorecer a geração de ideias e a busca de soluções;
- superar conflitos e desavenças gerados pela falta de informação e diálogo;
- esclarecer fatos e neutralizar intrigas, especulações maldosas e fofocas;
- consolidar ambientes de confiança, compreensão, cooperação e solidariedade.

CANAIS DE ABERTURA PARA A COMUNICAÇÃO

- **Saber ouvir** – é o principal fator de sucesso nas comunicações.
- **Transparência** – a visibilidade das intenções fortalece o ambiente de entendimento e motivação.

Falta de comunicação desintegra pessoas e equipes

- **Clareza de objetivos** – bons resultados dependem da clara definição do que se quer alcançar.
- **Compartilhar o conhecimento** – a transmissão de informações e a troca de ideias são os alicerces do entendimento.
- **Pensar coletivo** – o debate de ideias é a fonte de grandes ações bem-sucedidas.
- **Capacidade de análise** – o desconhecimento da relação de causa e efeito gera reações infrutíferas e negativas.
- **Valorização do *feedback*** – a comunicação é um processo que se realiza em dois sentidos. Sem retorno, não há comunicação, mas apenas um comunicado.
- **Convivência das diversidades** – a tolerância e a compreensão das diferenças favorecem o relacionamento humano construtivo.
- **Liberdade de expressão** – a troca de ideias estimula a inovação na busca de soluções.
- **Comportamento agradável** – de nada adiantam palavras de motivação se, na prática, predominam o comportamento hostil e antipático.
- **Atitudes coerentes** – compromisso de transformar em atos as palavras proferidas.
- **Palavras agradáveis** – a ciência já comprovou pela neolinguística o poder das palavras.

14. Hipermodernidade sem sentido
A ameaçadora "cultura do vazio"

■

"A espécie humana é sempre igual, não muda nunca. A maioria gasta quase todo o seu tempo para sobreviver, e o pouco que lhe resta de liberdade causa-lhe tanta preocupação que ela busca por todos os meios livrar-se desta carga."

Johann Goethe

■

— *Mãe, quero ver gente de verdade, sentir o calor de pessoas à minha volta, quero me sentir viva... não aguento mais tanta parafernália tecnológica! Acho que vou virar hippie...*
— *Tá bem, querida, mas leva o iPhone pra gente ficar em contato pelo Whatsapp.*

Diálogo entre filha adolescente e mãe, antes de a jovem sair de casa para participar de um bloco carnavalesco.

■

Vivemos a realidade concreta de grandes paradoxos. Um dos mais latentes, que caracteriza a contemporaneidade, diz respeito ao excesso de informação e à pouca comunicação. Em tempos de plenitude das redes sociais, há muita conectividade virtual entre indivíduos e pouquíssima integração real por objetivos coletivos e pelo bem comum.

O mundo está interconectado, com transmissão de notícias em tempo real. Em um piscar de olhos, os mais diversos acontecimentos são divulgados, repercutindo fatos e impulsionando mudanças de comportamento e costumes, tanto na esfera local como na planetária. O próprio Papa Bento XVI, em seu comunicado de renúncia ao pontificado, mencionou o "mundo de hoje, sujeito a rápidas transformações", como uma das razões para a sua decisão.

É nesse contexto de contrastes e paradoxos que o mundo pós-industrial ingressa no cenário da hipermodernidade, conceito consolidado pelo filósofo francês Gilles Lipovetsky, que identifica uma ameaçadora "cultura do vazio", alimentada por um modelo insustentável de produção e consumo.

Diante desse panorama, a tecnologia da informação abriu um caminho sem volta, deixando quase tudo ao alcance de todos. Porém, a ansiedade existencial continua a mesma e o ser humano parece se comunicar pessoalmente cada vez menos. Há algo de errado nessa ordem mundial. A tão propalada "sociedade do conhecimento" se caracteriza, cada vez mais, como a sociedade do hiperconsumo. Vivemos em plena era da informação, em que o excesso de dados contrasta com uma tremenda carência de comunicação e de relacionamento humano.

A cada segundo, recebemos algo como 20 megabytes de informações sensoriais, mas nosso cérebro só consegue processar 1% delas. Bem, se a proporção é essa mesmo, o melhor é investir em arte e poesia para buscarmos a evolução da nossa civilização pela comunicação extrassensorial. No Carnaval, a carência por contato humano é mais evidente. Em 2014, no Rio de Janeiro, o bloco carnavalesco *Cordão da Bola Preta* contou com mais de 1,5 milhão de indivíduos esfomeados por diversão e celebração. As pessoas ficam ávidas por se sentirem tocadas, afetadas, percebidas, mesmo que engolidas pela massa humana do rebanho urbano.

Outro paradoxo da nossa atualidade: estar perto da morte para se sentir vivo e participante da viagem existencial coletiva – "não estou sozinho nessa...". O ser urbano quer qualquer coisa passível de ser sentida, como expressou Arnaldo Antunes na música *Socorro*: "Por favor!/Uma emoção pequena, qualquer coisa!/Qualquer coisa que se sinta.../Tem tantos sentimentos/Deve ter algum que sirva".

Vale muito pensar e refletir sobre a falência do modelo dessa sociedade de hiperconsumo que, muitas vezes, sem querer, reproduzimos e perpetuamos no nosso dia a dia de condicionamentos e hábitos reativos.

Concluindo sobre o tema "A comunicação na hipermodernidade", destaco uma frase de Gilles Lipovetsky que ficou ressoando na minha cabeça: "A civilização humana está demasiadamente tecnológica e extremamente desumana".

15. A sutileza da percepção
Particular representação da realidade

•

"Somos todos olhos e ouvidos. Me veio agora a ideia de que, talvez, essa seja a essência da experiência religiosa – quando ficamos mudos, sem fala. Aí, livres dos ruídos do falatório e dos saberes da filosofia, ouvimos a melodia que não havia que de tão linda nos faz chorar. Pra mim Deus é isso: a beleza que se ouve no silêncio. Daí a importância de saber ouvir os outros: a beleza mora lá também. Comunhão é quando a beleza do outro e a beleza da gente se juntam num contraponto..."

Rubem Alves

•

Duas gerentes de sucursais de uma grande loja de roupas e artigos para jovens, Fernanda e Cláudia, que não se conheciam pessoalmente, embora trabalhassem para a mesma empresa, encontram-se em uma sala de espera para uma entrevista de seleção que indicará uma das duas para ocupar o cargo de gerente na sede da empresa. Ambas percebem os objetos que compõem o ambiente, observam – de cima a baixo – a presença uma da outra e trocam um seco "oi".

O primeiro passo da comunicação, então, é a percepção, um fenômeno de informação sobre o meio ambiente. Perceber é conhecer, por meio dos sentidos, os objetos, as singularidades das pessoas e os detalhes que configuram uma situação.

No caso dos estímulos que vêm de fora, o ser humano sente a realidade que o rodeia por meio de seus sentidos – visão, audição, olfato, tato e paladar – e, assim, percebe as palavras, gestos, sons, expressões faciais, cheiros e gostos que lhe são apresentados. Surge uma questão: Fernanda e Cláudia percebem da mesma maneira a situação e os objetos?

Não, é impossível que elas percebam a realidade exatamente da mesma maneira. Porque as bagagens cultural e mental de cada uma delas guardam referenciais diferentes de educação familiar, experiências, conhecimentos, valores, crenças, atitudes, talentos, habilidades etc. Fernanda e Cláudia têm bagagens cultural e vivencial diferentes. Isso torna a percepção seletiva, com cada uma dando mais valor para aspectos que lhe são pessoalmente mais relevantes, conforme as respectivas vivência e conveniência momentânea.

Inicialmente, a própria percepção física da realidade cria diferenças entre Fernanda e Cláudia. O que foi percebido entra em um processo de confrontação com as referências que consolidam a realidade interior de uma e de outra. Esse processo de seleção e transformação interna da informação percebida chama-se interpretação e sua resultante é o significado pessoal que Fernanda e Cláudia atribuem ao percebido, seja ele objeto, pessoas, situações, acontecimentos, opiniões, pensamentos etc.

Mas Fernanda e Cláudia também se interpretam mutuamente: Fernanda forma um preconceito de Cláudia que, por sua vez, forma uma imagem de Fernanda, como parte da interpretação que cada uma tem do percebido. Fernanda achou Cláudia "metida a executiva muito competente" e Cláudia achou Fernanda "tipo moderninha *fashion*, convencida de que sabe de tudo o que é novidade e tendência no mundo da moda".

Nesse caso, ambas lançaram mão do catálogo de categorias humanas que cada uma possuía. Essas categorias simplistas que todos nós usamos são chamadas de estereótipos. Temos o estereótipo do competente, do intelectual, do "bitolado", do trapalhão, do doidão, do moderninho, do centralizador, do autoritário etc. Inicialmente, então, a imagem que cada pessoa tem da outra é estereotipada, isto é, superficial, precipitada e temporária. Geralmente, com o convívio e o diálogo, nossas classificações são totalmente alteradas e percebemos o quanto fomos preconceituosos e inábeis em pré-classificar as pessoas pela simples aparência.

É muito fácil seguirmos a inclinação para o prejulgamento crítico do outro, considerando apenas nossas necessidades mais imediatas. Precisamos mudar essa atitude condicionada que muitas vezes reproduzimos sem perceber a total falta de fundamentação que caracteriza os comportamentos preconceituosos. Como dizia Rubem Alves, "precisamos aprender a conviver". Por meio do exercício do diálogo e do relacionamento humano, podemos evoluir para ambientes corporativos e familiares mais cooperativos e menos competitivos. Aí, está uma expressiva sutileza da percepção.

16. Uma questão de prática

O cenário de incomunicabilidade nas empresas pode ser mudado pela prática da comunicação

∎

*"Não há filosofia que se possa aprender,
só se pode aprender a filosofar."*

Immanuel Kant

∎

Rápida conversa entre diretor e gerente de uma grande empresa que aguardam a chegada do elevador:
— Olá! O que achou do projeto? – pergunta o diretor.
— Projeto?! – exclama o gerente em tom de perplexidade.
— Sim, o Projeto Maxi que, desde o ano passado, foi amplamente divulgado por todos nossos canais de comunicação interna e será iniciado a partir do próximo mês.
— Ah, sim! tô sabendo... O projeto Maxi... Ando muito envolvido no atendimento aos clientes e dedicado ao curso de desenvolvimento de lideranças... Ainda não tive tempo para me informar direito... Mas, com certeza, será um sucesso! – conclui o gerente.

∎

Com algumas pequenas variações, essa conversa chega a ser corriqueira nos contextos empresariais. É o retrato de um cenário de incomunicabilidade que se perpetua no meio.

Muitas empresas investem pesadamente em tecnologia para melhorar a comunicação interna. No entanto, os resultados não aparecem e surge a pergunta permanente: "Por que não conseguimos ter uma boa comunicação interna?".

As causas podem ser as mais diversas, mas, com certeza, todas elas passam pela falta do diálogo franco e aberto entre as lideranças e suas equipes. Os fluxos de informações e conhecimentos corporativos não dependem apenas de mecanismos tecnológicos, mas necessitam basicamente de atitudes efetivas de abertura para o relacionamento humano.

Conflitos, brigas e disputas internas, envolvendo diretores, gerentes e funcionários, são consequências muito comuns e constantes nas empresas que desconsideram a importância do diálogo. Em um ambiente refratário à conversação e ao debate de ideias são muito comuns a distorção das informações, a geração de boatos e a disseminação de intrigas que acabam ocasionando improdutividade, desavenças pessoais e altos índices de retrabalho.

Um dos maiores desafios do mundo empresarial é incentivar o saudável exercício da comunicação e do relacionamento humano, favorecendo, assim, a convivência produtiva e criativa das diferenças. As melhores soluções e inovações resultam de uma dinâmica construtivista, envolvendo o esforço coletivo pelo bem comum. No meio corporativo, convencionou-se chamar esse virtuoso processo de trabalho em equipe. O fato é que tudo se inicia pela comunicação. E a boa comunicação não depende apenas de suportes tecnológicos. A boa comunicação é uma questão de prática e de exercício do diálogo.

DICAS PARA A BOA COMUNICAÇÃO NA EMPRESA E NA VIDA

- Saber ouvir.
- Silêncio interior.
- Simplicidade.
- Clareza.
- Concisão.
- Dar e receber *feedback*.
- Atitude de abertura para o diálogo.
- Exercitar constantemente o itens supramencionados.

É sempre bom lembrar e relembrar Paulo Freire: "é fundamental diminuir a distância entre o que se diz e o que se faz, de tal forma que, num dado momento, a tua fala seja a tua prática".

17. Comunicação sem comunicação

O paradoxo é a nossa sina

■

"No princípio era o Verbo... É o pensamento que tudo cria e produz? Seria preciso por: No princípio era a Força... O espírito vem em meu auxílio! Vejo de súbito a solução e escrevo com segurança: No princípio era a Ação."

Johann Goethe

■

Perplexidade do presidente de uma grande empresa em reunião de diretoria:

— *Não consigo acreditar nos resultados dessa pesquisa de clima que indicaram a falta de comunicação como um dos principais obstáculos para o bom desempenho do trabalho em nossa empresa!*

— *Desde que implantamos a Ouvidoria Interna, há 2 anos, identificamos como uma das principais reclamações dos funcionários a falta de interação entre as áreas da empresa e o ambiente de pouca abertura para o diálogo entre dirigentes e funcionários* – comentou o diretor de Gestão Corporativa.

— *Isso é besteira! Temos os mais modernos sistemas de comunicação empresarial e, pela terceira vez consecutiva, nossa política de comunicação interna foi premiada...*

■

"Comunicação sem comunicação" significa ater-se ao formal e instrumental, negligenciando a essência ligada à qualidade das relações humanas e ao diálogo. Comumente, há transmissão de informações, mas não se estabelece um vínculo efetivo de comunicação, pois não se concretiza o retorno desse processo. Frequentemente, a falta de *feedback* é predominante na cultura organizacional. Atrás de todo problema corporativo, há, como questões essenciais, pouca comunicação e muitos relacionamentos deficientes.

Paradoxos são verdades tão óbvias que, por não serem adequadamente percebidas, deturpam-se no mesmo instante em que são aplicadas. A vida nas empresas está povoada de situações paradoxais. Comunicação sem comunicação é uma das contradições empresariais mais evidentes e facilmente percebidas no cotidiano corporativo.

A tecnologia colocada à nossa disposição favorece o acesso às informações sobre praticamente tudo o que imaginarmos. Por meio da internet, utilizando tablets ou smartphones, podemos conversar virtualmente com pessoas das mais distantes regiões e nas mais diversas situações de trabalho ou lazer. Porém, nenhuma tecnologia, por mais arrojada que seja, substitui a riqueza do contato humano direto, *tête-à-tête*, olho no olho. Antes de ser instrumental, a comunicação é essencialmente humana e extremamente humanizadora. De nada servem veículos e canais formais de comunicação interna e externa – premiados ou não – se não houver, por parte das lideranças, atitudes de abertura para o diálogo e para o relacionamento humano.

A comunicação é algo tão essencial como o ar que respiramos, no entanto, é muito pouco compreendida e exercitada no cotidiano das empresas. Concluo com uma frase de Francisco Gomes de Matos, destacada do livro *Renovar o renovado* (2009): "Com a palavra começa o mundo; com o diálogo, a civilização".

PRINCÍPIOS BÁSICOS PARA SUPERAR O PARADOXO DA COMUNICAÇÃO, SEM COMUNICAÇÃO

- Busque sempre clareza, objetividade e simplicidade na comunicação.
- Expresse suas opiniões sem querer impô-las como verdade máxima e irrefutável.
- Procure sempre dar uma resposta a quem lhe transmitiu alguma mensagem (a falta de *feedback* é um dos mais graves e habituais problemas à comunicação).
- Busque o equilíbrio entre razão e emoção ao falar.
- Enfoque suas críticas nos problemas, e não nas pessoas.
- Escute verdadeiramente o que os outros têm a dizer.
- Não perca tempo com julgamentos pré-formulados e opiniões precipitadas.
- Compreenda a perspectiva dos outros, colocando-se no lugar do seu interlocutor.
- Substitua a competição e a rivalidade pela cooperação e compreensão.
- Fale amavelmente com as pessoas, procurando chamá-las pelo nome.
- Tenha consciência que a maior parte da comunicação acontece pelas vias não verbais: nossas atitudes, comportamentos, gestos, expressões do rosto e sinais corporais.
- Fique atento para o efeito das suas palavras nas emoções e sentimentos dos seus interlocutores.

18. Pensar faz bem à existência
A urgente necessidade da reflexão na correria da vida moderna

"A verdadeira revolução não é revolução violenta, mas a que se realiza pelo cultivo da integração e da inteligência de entes humanos, os quais, pela influência de suas vidas, promoverão gradualmente radicais transformações na sociedade."

Jiddu Krishnamurti

Há uma lenda indígena que narra a aventura de uma tribo ameaçada que corria pela floresta o dia inteiro, sem parar. Ao cair da noite, os índios exaustos verificavam não haver mais perigo, então, todos ficavam sentados de cócoras, em silêncio, aguardando a chegada de suas mentes e corações, que, na correria, ficaram para trás.

Esse é o perigo da vida moderna. Na agitação e na pressa, perde-se o essencial: a alma. Correr, sem perder o sentido das coisas e dos objetivos. Correr com consciência reflexiva, sem perder o cérebro e o sentimento. Correr, com alma. A meu ver, nisso reside o segredo do sucesso na maratona da vida.

Em meio à complexidade das situações e do tumulto em que vivemos, é vital parar, vez por outra, e, simplesmente, perguntar:

- o que está, realmente, acontecendo?
- por que estou fazendo isso?
- qual a relação de causa e efeito dos acontecimentos?

Isso significa: pensar! Esse é o maior diferencial para vivermos ativamente no atual cenário mundial de drásticas mudanças nos contextos social, econômico, político e ambiental.

Todos os seres humanos pensam. Rigorosamente, será essa uma afirmação verdadeira? Penso ser necessário repensar o pensar – tantos e variados são os desafios que a vida inteligente nos propõe.

Existe uma enorme diferença entre o pensar reativo, dominado pelo imediatismo, e o pensar reflexivo, capaz de analisar as relações de causa e efeito daquilo que acontece, para favorecer a decisão, com consciência sobre as possíveis consequências dos nossos atos.

O pensar reflexivo significa aprofundar o pensamento, ou seja: analisar a situação no todo – abrangência de influências – e avaliar as alternativas decisórias.

As estruturas organizacionais, tendo por foco a eficiência, caracterizam-se por regras, modelos e objetivos predeterminados, tendentes à rotinização dos procedimentos e, desse modo, o risco maior é a indução à burocratização mental, característica típica do pensar reativo.

Sintetizando, para melhor visualização e praticidade: pensar dói! Porém, a dor do não pensar pode ser maior, por suas consequências, em geral, não percebidas imediatamente. Mas pensar dói, realmente, porque rompe com a inércia. Impele a sair da comodidade por contrariar hábitos e condicionamentos.

O que inibe o pensamento reflexivo? Sensações negativas, como o medo, a insegurança, o sentimento de inferioridade, que se traduzem em manifestações de: egoísmo – só eu!; autoritarismo – mando eu!; ódio – destruo o inimigo!; fanatismo – sou a verdade!.

O pensar reflexivo envolve educação, ou seja, está estreitamente relacionado à transmissão de valores ligados à abertura para a comunicação e ao diálogo permanente com os outros e consigo mesmo.

19. Ainda há salvação para a falta de diálogo?
A evolução do relacionamento humano e da consciência social

■

"Sou tudo, menos desesperançoso. Confio que os jovens possam perseguir e consertar o estrago que os mais velhos fizeram. Como e se serão capazes de pôr isso em prática dependerão da imaginação e da determinação deles. Para que se deem uma oportunidade, os jovens precisam resistir às pressões da fragmentação e recuperar a consciência da responsabilidade compartilhada para o futuro do planeta e seus habitantes. Os jovens precisam trocar o mundo virtual pelo real."

Zygmunt Bauman

■

Recentemente, uma amiga relatou-me uma cena estarrecedora que presenciara em uma movimentada rua, na zona sul do Rio de Janeiro. Dois jovens, vestidos com camisas de um colégio de elite, calças e tênis de grife, disputavam ferozmente a posse de um iPod que uma pessoa tinha deixado cair ao entrar no ônibus. Brigaram até serem atropelados por uma moto, restando um com fratura exposta no braço e o outro – que ficou com o aparelho esfacelado nas mãos –, com forte sangramento na cabeça, vangloriando-se de ser o vencedor e referindo-se ao rival como "o otário que quebrou o braço".

Durante, e logo após a briga, as pessoas transitavam totalmente indiferentes, como se absolutamente nada estivesse acontecendo de anormal. Segundo minha amiga, algumas paravam apenas para acompanhar a cena selvagem como se estivessem assistindo a um programa de luta livre na televisão.

Em plena era da informação, evoluímos muito em termos tecnológicos e científicos, porém, em matéria de comunicação interpessoal e relacionamento humano, ainda estamos no tempo das cavernas.

Basta um pouco de atenção crítica e de reflexão sobre a relação de causa e efeito dos acontecimentos que acompanham a história da humanidade para vislumbrarmos que a origem das guerras, conflitos, impasses, desentendimentos, disputas violentas e brigas encontra-se, exatamente, na falta de comunicação e na inexistência de um diálogo direto, franco e aberto entre as partes envolvidas na dinâmica.

Basta ler as notícias nos jornais, acompanhar os noticiários da internet, rádio e televisão, para percebermos que há muita coisa apocalíptica acontecendo, em dimensões catastróficas e seriamente comprometedoras para a qualidade de vida no planeta.

Colocando de lado os terríveis e intensos cataclismos naturais e ambientais, refiro-me aos conflitos armados e desarmados, de toda ordem de violência estabelecida entre seres humanos, desde as guerras militares e civis e terrorismos religiosos, ideológicos e de estado, até as agressões físicas, morais, sexuais e verbais, que acontecem, com muita frequência, em ambientes familiares e de trabalho.

Hoje, temos acesso em tempo real ao que está acontecendo em nosso bairro, em um laboratório do Instituto de Tecnologia de Massachusetts (MIT) ou em países do Oriente Médio. Os avanços na tecnologia da informação originaram uma série de mudanças econômicas, sociais, políticas e comportamentais. No entanto, uma questão fundamental perdura sem uma resposta positiva: no que evoluímos em termos de relacionamento humano e evolução da consciência social e planetária?

A internacionalização da sociedade de consumo levou o individualismo e o materialismo a um grau altamente elevado, que cresce em progressão geométrica. Infelizmente, podemos perceber que, em vez de agir como grupos organizados de indivíduos em prol do bem comum, a sociedade de massa se comporta como um rebanho de gado que, reativamente, galopa em direção ao abismo.

Com certeza, muitos daqueles que presenciaram a cena mencionada no início deste capítulo, ao chegarem em casa, foram consumir, passivamente, notícias e entretenimento pela televisão e pelo computador. Vivemos em plena era da informação, muito bem conectados e acomodados a um ilusório modelo de desenvolvimento, que tende a afastar a sociedade dos valores humanos e de um sentido existencial.

Concluo com mais dois questionamentos: como reverter a tendência de um processo civilizatório desumano e cruel? Será que com mais diálogo e relacionamento humano poderíamos corrigir a rota de autodestruição que a humanidade está trilhando?

20. Comunicação sem politicagem
A verdade é a melhor estratégia

▪

"A sociedade é dependente de uma crítica às suas próprias tradições"
Jürgen Habermas

▪

Abordarei o tema "Comunicar Política" focando o amplo e polêmico campo que envolve a transmissão de informações e divulgação de notícias no movediço e traiçoeiro terreno das eleições para os Poderes Executivo e Legislativo.

Nas eleições brasileiras, costumamos eleger presidente, governadores, senadores, deputados federais e estaduais. Temos de exercitar nossa habilidade seletiva e capacidade depurativa para que, em meio ao temporal de propagandas e retóricas que recebemos no período pré-eleitoral, possamos separar a grande quantidade de joio que esconde o pouquinho de trigo ainda existente.

Comunicação e política são atividades totalmente interdependentes. A política é a arte do relacionamento humano em sociedade. Nesse sentido, não existe política sem comunicação, da mesma forma que inexiste comunicação sem política. Por mais que queiramos simplificar a abordagem, esse é um tema bastante complexo e aberto a muitas controvérsias ideológicas. Porém, buscaremos os fatos concretos do tema "Comunicação e Política" para nos aproximarmos de algo que possa contribuir para o esclarecimento de ideias e opiniões.

No Brasil – e em grande parte do mundo –, a política está desgastada, desmoralizada e destruída pela ação dos maus políticos, que atuam em benefício de grupos econômicos e do próprio enriquecimento ilícito, além, é claro, da eterna vaidade de querer sentir-se detentor do poder, o que reflete pobreza de espírito e cegueira quanto ao interesse público.

ÉTICA E FELICIDADE

Para Aristóteles – e em um plano ideal –, a política é um desdobramento natural da ética. Ambas, na verdade, compõem a unidade do que ele chamava de filosofia prática, ou seja, a busca do conhecimento com aplicabilidade à vida cotidiana. Por esse ponto de vista, registrou o filósofo: "se a ética está preocupada com a felicidade individual do homem, a política se preocupa com a felicidade coletiva da 'pólis'. Desse modo, é tarefa da política investigar e descobrir quais são as formas de governo e as instituições capazes de assegurar a felicidade coletiva". Aristóteles desenvolveu essa perspectiva por volta de 320 a.C.

Como podemos notar, comunicação e política são atividades que transitam necessariamente pelos campos da ética e da cidadania. Ambos os conceitos estão estreitamente ligados à habilidade no trato das relações humanas, à valorização do bem comum e ao direito à justiça e à plenitude de vida.

Dessa perspectiva, poderemos analisar a correlação entre comunicação e política, refletindo sobre a atuação dos profissionais nessa seara.

Grande parte das verbas de campanha – se não a maior – é justificada para utilização em comunicação ou marketing político. Em outras palavras, às estratégias de divulgação e fixação de imagem do candidato, concretizadas por meio de programas de rádio; televisão; folheteria; matérias jornalísticas; promoção de eventos variados; contatos com lideranças políticas, sociais e comunitárias; inserções em jornais, revistas, rádios e web – dentro da grande diversidade de redes sociais e mídias da internet.

Diante do atual cenário político brasileiro, marcado pela crise de valores e disseminação da cultura da corrupção em todos os níveis do poder público, cabe ao profissional de comunicação satisfazer criteriosamente essa enorme demanda por serviços de assessoria de imprensa, *media training*, construção de imagem, organização de eventos, propaganda e estratégias de relacionamento com públicos de interesse e formadores de opinião.

O melhor diferencial para atender a essa grandiosa oportunidade de trabalho chama-se verdade. Isso mesmo, o brasileiro precisa resgatar o valor dessa palavra no âmbito da política e vivenciá-la no seu dia a dia com o estabelecimento de relações de confiança e credibilidade.

Nós, profissionais de comunicação, precisamos agir como educadores e, até mesmo, tentar converter alguns dos nossos clientes para a força transformadora da verdade. Isso não tem nada a ver com discurso religioso, mas com o resgate de atitudes de cidadania e comportamentos éticos.

ATITUDE AUTÊNTICA

Trabalhar com o que está de acordo com a realidade é a estratégia de comunicação mais eficaz e assertiva para a conquista sincera de eleitores e adesões de campanha. É a verdade, expressa na atitude autêntica e responsável do candidato, e pela coerência e honestidade de sua trajetória na vida pública, que poderá transformar para melhor o decadente cenário da política nacional.

O ser humano vive em sociedade, convivendo com grande diversidade de pessoas e grupos sociais e, portanto, seria bem sensato sempre refletir e responder à seguinte indagação: "como devo agir?". Trata-se de uma pergunta de fácil formulação e de resposta crucial. Acho que cabe a todo profissional de comunicação – e claro, a todo ser humano – fazer esse questionamento antes de iniciar um trabalho.

As campanhas eleitorais exigem que os profissionais de comunicação se mantenham atentos e fortes para não quedar aos feitiços e ilusões comprometedoras da comunicação com politicagem.

21. Manifestar-se é direito e dever de todos
Figura do consumidor passivo está em vias de extinção

■
"O cliente tem sempre razão."
Provérbio popular
■

Faz parte do passado, cada vez mais, empresas que manipulam a informação e divulgam o que querem a seus usuários e consumidores, e não o que interessa a eles. Esse cenário vem se transformando, gradativamente, impulsionado pela conscientização da sociedade quanto aos conceitos de cidadania, ética, governança corporativa, responsabilidade social e ambiental.

O consumidor não quer apenas a satisfação de seu desejo ou de sua necessidade imediata, mas a certeza de ser atendido com serviços e produtos de qualidade, produzidos e comercializados por empresas que respeitam os valores humanos e o bem comum. Essa tendência se reflete na crescente demanda da sociedade por ética, comunicação e transparência.

O cidadão está se tornando cada dia mais consciente e exigente de seus direitos, ao mesmo tempo em que assume atitudes e iniciativas de cumprimento de seus deveres nos contextos social e político. A figura do consumidor passivo e pouco exigente, que aceita qualquer coisa que lhe é oportunamente oferecida, é cada vez menos presente no cenário de mercado global da atualidade.

É nesse ambiente de resgate e fortalecimento dos conceitos de cidadania e ética que ganha força o papel desempenhado pelas ouvidorias, instâncias criadas pelas empresas – públicas e privadas – para respeitar o direito à comunicação e expressão do cliente-consumidor.

Pelo olhar frio do mercado, o ressurgimento das ouvidorias pode ser interpretado apenas como mais um modismo a ser explorado pela linguagem do marketing e da propaganda institucional. No entanto, para os dirigentes empresariais conscientes do compromisso socioambiental e transformador de seus empreendimentos, seja para seu bairro, sua cidade ou nação, não se trata de uma tendência episódica, mas de uma manifestação de amadurecimento do consumidor-cidadão. É a expressão orgânica do indivíduo ou grupo social que avança em seu grau de maturidade, voltando-se para a importância da valorização humana por meio do respeito e da consideração ao direito inalienável que todo ser humano tem de se comunicar e se expressar.

As empresas não deveriam criar serviços de ouvidoria somente para constar ou para exploração promocional demagógica, mas para desenvolver o hábito de ouvir seus clientes internos e externos.

Por sua vez, cabe ao consumidor-cidadão fazer valer essa conquista como algo a ser consolidado por sua aplicabilidade a favor da construção de uma sociedade mais justa, consciente e responsável.

22. Cultura é a essência da boa navegação

A importância dos valores humanos nas empresas

■

"É possível transformar pessoas e organizações, mas, sem intervir na cultura, as transformações são frágeis, e não resistem às condições adversas."

Francisco Gomes de Matos

■

Não se pode pensar em tecnologias digitais, inovação, alta *performance* e rede de relacionamento com os *stakeholders* sem compreender a importância e a essencialidade da cultura para o sucesso de qualquer iniciativa empresarial. Fora dessa perspectiva, qualquer estratégia de gestão, marketing digital ou comunicação corporativa torna-se superficial, inconsistente e efêmera.

Muitas empresas ainda desconsideram a cultura organizacional e tentam desenvolver projetos e processos, implantar estratégias de comunicação e lançar produtos e serviços inovadores imaginando que o sucesso será certo, pois a demanda do mercado é garantida e o seu negócio está muito bem planejado. No entanto, a desatenção para os valores e a cultura da empresa garantirá o fracasso daquilo que teria todo o potencial para ser um verdadeiro sucesso.

Várias empresas sólidas e bem-sucedidas ruíram quando partiram para iniciativas empreendedoras, aquisições, fusões e incorporações sem considerar os aspectos fundamentais dos valores, crenças e costumes envolvidos.

Não respeitar valores, não se conscientizar de crenças e princípios que orientam atitudes, comportamentos e ações coerentes, torna as empresas vulneráveis à constância das crises conjunturais, pois não há um sentimento forte de corresponsabilização e coesão entre dirigentes, lideranças médias e funcionários, fatores imprescindíveis para a superação de desafios e a conquista de desempenho e resultados autossustentáveis.

Conforme ressalta Francisco Gomes de Matos, no livro *Estratégia de renovação* (Editora Thomson, 2008), "todo grupo social, por mais simples que seja, vai formando uma cultura própria, que ganha expressão, determinante do sucesso, à medida que a torna transparente para todos os

60   Comunicação Aberta

seus componentes. Isso implica que haja orgulho e comprometimento em pertencer, que se tornam mais fortes quanto maior a adesão a verdades comuns que formam a alma do grupo, assegurando sua sobrevivência e continuidade".

Ao contrário, destaca o autor, "quando os valores culturais não são nitidamente expressos, prevalecendo os objetivos pragmáticos do negócio, que oscilam em função das oportunidades imediatistas de mercado, a organização tende a se tornar um laboratório de crises. Cada situação mobiliza forças potencialmente divergentes e predatórias, pois falta o motivador comum que é o espírito de equipe, resultante da aceitação das crenças comuns".

Francisco Gomes de Matos observa ser preciso "desenvolver a consciência de que todos pertencem a uma organização que possui missões e responsabilidades claramente explícitas e difundidas, onde os anseios individuais são reconhecidos, abrindo-se campo à participação, à criatividade e à valorização humana".

CULTURA É A ALMA DO NEGÓCIO

A empresa que não investe na consolidação da própria cultura acaba perdendo confiança, produtividade, qualidade, credibilidade e, consequentemente, clientes, negócios e mercado, o que significa baixa sustentabilidade, que pode significar a mesma coisa que desempenho negativo ou falência. Eis uma relação incontestável de causa e efeito.

Um grande número de corporações tem investido pesadamente em mídias digitais para melhorar a comunicação interna. No entanto, os resultados não aparecem e surge a pergunta: onde está o erro? A resposta é a falta da conscientização de valores e princípios que favoreçam os relacionamentos humanos e a corresponsabilização por objetivos e verdades comuns.

A falta de diálogo, de abertura à conversação e à troca de ideias, é, sem dúvida alguma, o grande problema para o bom desempenho de muitas empresas. Nesse sentido, a comunicação corporativa é um processo diretamente ligado à cultura da empresa, ou seja, aos valores e às atitudes das suas lideranças e às crenças e aos comportamentos dos seus colaboradores.

Não adianta a empresa investir em blogs corporativos e redes sociais de relacionamento, bem como importar modelos de certificação da qualidade e sistemas de tecnologia da informação, se, internamente, não existe um ambiente de abertura ao diálogo e de compartilhamento de conhecimento, informações e opiniões.

Com a consolidação da cultura da comunicação, é possível simplificar e solucionar praticamente todos os problemas organizacionais que, na maioria das vezes, estão ligados à desvalorização do relacionamento humano.

A cultura é a essência da boa navegação no desafiador oceano da era digital.

23. Já ouviu falar de isegoria?

Igualdade no direito de se manifestar

"Posso não concordar com nenhuma das palavras que você disser, mas defenderei até a morte o direito de você dizê-las."
Voltaire

Dois gerentes de uma grande empresa conversam:
— O que adianta participarmos do Seminário de Opinião se não temos a chance de expressar nossas ideias e dúvidas, nem mesmo apresentar uma sugestão bem fundamentada?
— É mesmo! Os diretores querem apenas que a gente escute o que eles têm a dizer, sem questionamentos ou debate. E ainda dizem que esse evento faz parte da Política de Comunicação Interna! – exclama em tom de desaprovação.

Isegoria é um conceito originário da democracia grega que consiste no princípio de igualdade do direito de manifestação do cidadão nas assembleias, onde se discutiam os assuntos da pólis. A todos os participantes era dado o mesmo tempo para falar sem serem interrompidos. O termo está relacionado à liberdade de falar, quando ela é igual para todos. Em outras palavras, existe isegoria onde todos têm a mesma liberdade para se pronunciar.

Infelizmente, não é bem isso o que, de modo geral, acontece nas instituições e empresas públicas ou privadas. Nos ambientes organizacionais, é predominante o fluxo de comunicação descendente, aquele que faz parte da estrutura de uma rigorosa dependência hierárquica. As mensagens saem do topo decisório e descem até as bases, sem espaço para o diálogo.

A liberdade de falar, igual para todos, deve ser vista como um direito a ser conquistado e um dever a ser cumprido por todos. É muito fácil nos colocarmos na posição cômoda de reivindicadores. No entanto, quando somos chamados a respeitar esse mesmo direito para nossos interlocutores, podemos perceber nitidamente a reprodução de um ato condicionado de querer apenas falar, e não ouvir o que o outro tem a dizer. Dar espaço para o outro falar implica desenvolver o saber ouvir, respeitando o direito à expressão e comunicação de todo ser humano.

Seja na empresa, na escola, nos espaços públicos e institucionais, como também em nossas famílias e círculo de amizades, a consolidação da isegoria pode ser considerada um indicador do grau de maturidade e sabedoria que se expressa em maior intensidade pela demonstração prática do respeito à arte da convivência pacífica, criativa e produtiva, das diversidades humanas.

Nesse ponto, podemos considerar a liberdade de falar como algo a ser conquistado por pessoas e grupos sociais conscientes dos direitos e deveres da vida em sociedade. Certamente, só alcançamos esse estágio por meio da educação com comunicação, diálogo e relacionamento humano.

24. Diálogo é o melhor caminho

A figura do mediador para a convivência pacífica e produtiva das diversidades

"Precisamos desenvolver a habilidade de nos colocar no lugar do outro e entender sua visão do mundo. Para isso, é preciso saber ouvir."

William Ury

Os mais complicados impasses e conflitos podem ser resolvidos com base na simples dinâmica do relacionamento humano e da conversação. A abertura para o diálogo é o melhor caminho para o entendimento e a integração entre pessoas das mais diversas áreas e com os mais diferentes pontos de vista.

A regra de ouro para a convivência pacífica e produtiva das diversidades passa pelo aprimoramento da habilidade de nos colocarmos no lugar do outro e entender sua visão do mundo para buscar a construção de um ambiente de sinergia e comprometimento com objetivos comuns. Para isso, é preciso saber ouvir.

Há quem pense que comunicação é falar. Na verdade, os melhores comunicadores são aqueles que sabem ouvir. O maior obstáculo para isso é estarmos sempre tão focados em nós mesmos.

Vivemos em uma sociedade de consumo que induz o ser humano a comportamentos individualistas. É cada vez mais predominante o perfil de pessoas ensimesmadas, fechadas em seus quadrados, e que, com o tempo, acabam se transformando no próprio quadrado, em indivíduos autômatos, alienados e distantes do convívio humano.

O antropólogo americano William Ury, renomado especialista em técnicas de negociação da Universidade de Harvard, explica que a comunicação eficaz passa, necessariamente, pelo caminho virtuoso da negociação e da convivência das diversidades. É uma questão de prevalência do bom senso entre as partes envolvidas em um conflito.

O conceito da figura do mediador (a terceira parte) é uma das mais antigas heranças humanas em resolução de conflitos. Consiste basicamente em reunir toda a tribo e fazer as pessoas ouvirem umas às outras e se entenderem.

É função do mediador estimular o diálogo. A solução será indicada pelo entendimento entre as partes diretamente envolvidas na polêmica ou no conflito. A reconciliação será fruto de uma dinâmica de conversação e abertura para o diálogo. O mediador desempenha uma função educativa ao incentivar os envolvidos a se desvencilhar dos preconceitos e predisposição à discórdia e ao egocentrismo, muitas vezes, frutos de hábitos condicionados, arraigados em comportamentos reativos e passionais.

O princípio básico de uma negociação é colocar-se no lugar do outro, procurando entender as motivações de seu ponto de vista. William Ury foi o mediador da negociação de Camp David, em 1978, envolvendo egípcios e israelenses. O Egito dizia querer de volta toda a Península do Sinai, que fora ocupada por Israel. Israel disse que queria um terço do Sinai. Era impossível atender às reivindicações nesses termos.

A questão era saber as razões de cada lado. Para os egípcios, era uma questão de soberania. A terra estava lá desde os tempos dos faraós, e eles a queriam de volta. Para os israelenses, a questão era de segurança. Se os egípcios colocassem os tanques no território, poderiam atacar Israel facilmente. A partir desse momento, graças à mediação de William Ury, foi possível satisfazer tanto egípcios quanto israelenses: decidiu-se por uma Península do Sinai egípcia, mas desmilitarizada.

Pela dinâmica do diálogo, mediante, por exemplo, de reuniões periódicas e temáticas, é possível incentivar a construção coletiva de um ambiente corporativo de entendimento, integração, cooperação, comprometimento e motivação.

Por meio de dinâmicas de grupo, podemos concentrar a abordagem de um assunto no problema, e não nas pessoas envolvidas por ele. Dessa forma, elas terão a chance de analisar coletivamente um impasse ou conflito, sem a intenção de acusar ou julgar alguém como o culpado, pois o foco estará na busca de uma solução criativa e inovadora.

Assim, as reuniões de diálogo transformam-se em um verdadeiro instrumento estratégico para a construção coletiva de um acordo por objetivos comuns.

Nesse esforço de negociação e entendimento, todas as partes se beneficiam, pois evita-se a equação ganhar-perder (conflito estabelecido pela visão do "eles e nós"), favorecendo o entendimento pelo princípio do ganhar-ganhar. Sim, nós podemos e devemos construir um mundo melhor para todos, sem nenhum tipo de exclusão. O diálogo é o melhor caminho para o entendimento e a conscientização de que todos somos um.

Podemos concluir com outra observação lapidar de Ury: "há quem pense que negociação é falar. Na verdade, os melhores negociadores, seja no mundo corporativo, seja na diplomacia, são aqueles que sabem ouvir".

25. Claude Lévi-Strauss e a convivência das diversidades

A competição predatória que impede relacionamentos harmoniosos e integrados

"Aprendi a não tentar convencer ninguém. O trabalho de convencer é uma falta de respeito, é uma tentativa de colonização do outro."

José Saramago

Conflitos, guerras, acidentes, erros e falhas operacionais, desperdício de alimentos e dinheiro. Poderia elaborar uma lista gigantesca das consequências de erros ou simplesmente da falta de comunicação e de relacionamento humano.

Parece incrível que algo tão óbvio seja tão difícil de ser compreendido e resolvido. A sociedade dita civilizada é o exemplo mais explícito da complicação na comunicação, exatamente pela falta de conscientização sobre a importância do relacionamento humano que se baseia, essencialmente, na convivência das diversidades.

Ao lermos textos sobre a biografia e o legado de Claude Lévi-Strauss para a antropologia, podemos perceber uma de suas principais conclusões: "somos diferentes, sim, mas podemos nos entender, porque nossas estruturas mentais funcionam da mesma maneira".

O pensamento e as constatações de Lévi-Strauss reforçam o fato de que as diferenças culturais são as mais diversas e peculiares, porém os dilemas existenciais do ser humano são os mesmos. Para um esquimó, um pigmeu, um empresário ou um operário, as aspirações por felicidade e os sentimentos de carinho, afeto, medo e coragem são iguais, o que muda são os mitos, ritos, comportamentos e maneiras de manifestá-los. Por essa perspectiva, ele ressaltou que todo o significado produzido em uma cultura é fruto das inter-relações humanas, que levam a realidade social a ser construída por um conjunto extraordinariamente multidiversificado de relações.

Princípio básico da democracia, a convivência das diversidades é um dos principais fatores para a construção de realidades sociais, políticas, econômicas e empresariais mais justas e harmoniosas. Focando nos ambientes corporativos, podemos perceber que ainda há muito a evoluir em termos de relacionamentos harmoniosos e integrados. A competição pre-

66   Comunicação Aberta

datória predomina em detrimento da cooperação e do fortalecimento dos vínculos de relacionamento humano.

Persistimos nos trilhos da ignorância emocional, fortalecendo os princípios do eterno retorno das intolerâncias e discriminações.

Cabe aos profissionais de RH refletirem sobre essa realidade – e tão bem realçada por Lévi-Strauss –, para transpor os condicionamentos culturais e comportamentais que impedem a construção de ambientes corporativos de convivência produtiva e coexistência criativa.

O bom senso nos indica que a melhoria da qualidade de vida nas empresas, nas famílias, nas cidades, nos países e no planeta passa pelo caminho da educação.

O modo de relacionamento entre as pessoas em um grupo de trabalho é determinado pela forma como as diferenças são encaradas e tratadas. Por exemplo: se houver respeito pela opinião do outro, se a ideia de cada um é ouvida, se os sentimentos puderem ser manifestados, então, o relacionamento entre as pessoas tende a ser diferente daquele em que não existe compartilhamento de ideias, emoções e opiniões.

Como disse Mario Quintana, em um dos seus belos poemas, "cada ponto de vista é a vista de um ponto". Vamos respeitar a maneira de ser, pensar e agir de cada um. Quando o ponto de vista for torto e preconceituoso, vamos tentar mudá-lo pela força do exemplo efetivo dos valores éticos e humanos. Pessoas diferentes, com perfis, pensamentos e comportamentos diversificados, podem trabalhar juntas, voltadas para resultados e metas em comum, como felicidade e sustentabilidade.

Vamos dar mais chances à evolução dos valores humanos nas empresas por meio da criação de tempo e de espaços voltados à reflexão, ao diálogo e à humanização dos relacionamentos. Os profissionais de RH têm esse grandioso desafio pela frente.

Nesta breve reflexão, não tenho a pretensão de indicar a solução para tamanha questão ontológica, mas, com certeza, a melhoria da qualidade das relações humanas deve percorrer o caminho virtuoso da educação. Por meio de um processo construtivista de educação, poderíamos internalizar e efetivar em nosso dia a dia o princípio humanista de que viver é conviver e relacionar-se com respeito e consideração à diversidade entre os indivíduos e culturas.

26. Respiração, ouvidoria e comunicação
A experiência de dar e receber informações

"Para centrar-se no outro, é necessário silêncio interior. Para ouvir o outro com clareza, temos que silenciar nossos diálogos internos."
Roberto Crema

Ouvir e falar são movimentos análogos aos de inspirar e expirar, mecanismo pelo qual todos os organismos vivos absorvem a substância elementar que garante a sustentação da energia vital. Por essa perspectiva, o oxigênio que nos mantém vivos pode ser correlacionado à informação. Devemos prestar atenção nesse paralelo para não reproduzirmos a transformação do oxigênio (o que ouvimos) em gás carbônico (o que falamos). O ideal é fazermos da inspiração um verdadeiro movimento de absorção de energia e de entusiasmo criativo. Por sua vez, a expiração não deve ser fruto de um ato reativo, que pode transformar o que inspiramos em veneno (gás carbônico), mas o efeito positivo de transformação da informação (oxigênio) em conhecimento e sabedoria (leve brisa que expiramos).

Pela abordagem metafórica, também podemos fazer uma comparação entre as culturas ocidental e oriental que, em razão das suas tradições filosóficas, estariam respectivamente relacionadas ao falar (cartesianismo) e ao ouvir (zen-budismo).

Sem dúvida, a analogia entre comunicação e respiração nos remete para a importância crucial que devemos dar às ações de falar e ouvir. O ponto de equilíbrio extremamente vivificante e determinante para o crescimento e desenvolvimento dos seres humanos e das empresas está na relação de dar e receber informações. Esse compartilhamento é consubstanciado pela dinâmica da comunicação, do diálogo e do relacionamento humano (falar e ouvir/dar e receber *feedback*).

A salvação para muitas empresas, que se acostumaram ao ativismo do falar compulsivamente, está no ato reflexivo e estratégico do ouvir. Empresas voltadas apenas para a persuasão de novos consumidores, com o objetivo único de vender e lucrar cada vez mais e **mais, estão fa-**

68 Comunicação Aberta

dadas ao prejuízo e ao fracasso. Os fatos têm demonstrado que, a longo prazo, o que acontece com as empresas condicionadas apenas a falar é, categoricamente, o contrário do sucesso imediato que elas pensam garantir.

Falar mecanicamente para controlar o poder ou falar reativamente para tentar se defender da fraqueza de não ouvir são demonstrações de extrema imaturidade e inconsistência da linha de ação de uma empresa.

A fidelização do cliente depende muito de a empresa saber ouvi-lo para, depois, agir e atender às devidas demandas que garantirão a consolidação da lucratividade de seu negócio.

A metáfora da respiração é muito clara e contundente. Sem o ato de inspirar, as empresas estão condenadas ao sufocamento, enforcam-se e definham, estranguladas pela incapacidade de ouvir as mensagens que indicam as reais necessidades de seus clientes e as tendências do mercado. Por não compreenderem a importância vital do ouvir para poder viver e se perpetuar, essas empresas ficam surdas e cegas, e, consequentemente, não conseguem perceber as reais exigências do mercado, sempre sujeitas às mudanças ditadas pelas evoluções e involuções dos contextos econômico, político, social e cultural da sociedade.

É nesse cenário que ganha realce a importância estratégica das ouvidorias internas e externas. É cada vez maior o número de empresas preocupadas em formular políticas de comunicação voltadas para ouvir seus clientes internos e externos. Com esse objetivo, nos últimos anos, muitas empresas têm intensificado a criação de canais de comunicação especificamente voltados para ouvir os clientes, seja por meio do contato direto com ouvidores/*ombudsmen* ou por internet, intranet ou linhas telefônicas exclusivas.

Escutar as reclamações e sugestões dos clientes é uma das melhores e mais baratas consultorias que garantem às empresas o alinhamento com a principal razão de sua existência: atender com excelência a quem precisa ou simplesmente se interessa por seus produtos e serviços.

As modernas ouvidorias surgem com a função de desempenhar um canal de comunicação pelo qual o cliente se manifesta para apresentar reclamações, denúncias, queixas, insatisfações, sugestões, opiniões, perguntas ou elogios.

Para coordenar o funcionamento das ouvidorias, existe o *ombudsman* ou ouvidor, profissional geralmente nomeado pelo presidente da empresa para ouvir e investigar, de forma independente e crítica, reclamações, protestos, descontentamentos, assim como elogios, sugestões e satisfação com os serviços e produtos da empresa.

A ouvidoria recebe, registra, analisa e encaminha as manifestações dos clientes aos setores a que se referem. Atua sugerindo mudanças de acordo com as demandas dos clientes ou cidadãos, envia os relatórios às áreas competentes da empresa ou de órgão público, nos quais são apontadas, pelo reclamante (interno ou externo), as principais deficiências ou irregularidades. A ouvidoria deverá acompanhar as providências adotadas e cobrar soluções, mantendo o cliente bem informado. Funciona como um canal de comunicação rápido e eficiente, estreitando a relação entre a empresa e a sociedade.

27. Sustentabilidade, comunicação e ética pela perpetuidade da organização Terra

A interdependência entre pessoas e empresa é uma constatação cada vez mais contundente

"O respeito à vida como verdade universal leva a um estado em que agimos como os guardiões dela."

Marcelo Gleiser

Sustentabilidade é um conceito amplo, que envolve consciência planetária, preservação ambiental, convivência das diversidades, qualidade de vida, desenvolvimento econômico e social, senso de sobrevivência e evolução humana.

Garantir o direito de vida plena e saudável às populações do presente e às gerações futuras, em um meio ambiente limpo e preservado em sua integridade, é um desafio para o cidadão planetário e para as empresas. É uma questão ética e estreitamente ligada ao exercício da comunicação ampla e irrestrita entre cidadãos, empresas, governos e todo tipo de organização.

O grau de interdependência entre todas as pessoas e organizações no planeta Terra é uma constatação cada vez mais contundente. Estamos todos no mesmo transatlântico, a navegar por um universo quântico. Cada um depende de todos, nas dimensões econômica, social, política, cultural e ambiental, e, ao mesmo tempo, todos dependem das consequências dos atos, comportamentos e atitudes de cada um em suas respectivas esferas de ação e planos de vida.

Não é força de retórica afirmar que necessitamos desesperadamente viabilizar uma civilização ecologicamente correta, economicamente viável, socialmente justa, culturalmente diversificada e humanamente solidária.

A sustentabilidade é um desafio urgente a ser concretizado em nossas famílias, condomínios, comunidades, quarteirões, bairros, cidades, estados, países e planeta. Mas, como? Com certeza, a resposta para essa questão passa pelo caminho da comunicação e da ética.

Não podemos mais viver em uma sociedade sem acesso irrestrito às informações e à participação coletiva na tomada de decisões estratégicas que interferirão nos destinos de cada ser vivo. Nesse sentido, ganha expressão, cada vez maior, o princípio da governança, ou seja, a transparência em

Sustentabilidade, comunicação e ética pela perpetuidade da organização Terra 71

todo tipo de gestão pública ou privada. Precisamos avançar na consolidação de modelos de transparência nos poderes Executivo, Legislativo e Judiciário e nas Forças Armadas. A sociedade civil não pode viver a reboque de trancos e solavancos originários de interesses escusos e gananciosos de quem perdeu a alma em buscar do "ter", esquecendo-se que o essencial é invisível aos olhos e se chama "ser".

O mundo contemporâneo exige, cada vez mais, a adoção de padrões de conduta ética que valorizem o ser humano, a vida em sociedade e o meio ambiente. As empresas socialmente responsáveis estão mais bem preparadas para assegurar a sustentabilidade de seus negócios por estarem sintonizadas em atender às necessidades que afetam tanto a sociedade como o mundo empresarial. Empresa socialmente responsável é a que vai além das obrigações legais e estatutárias. É a empresa aberta às comunicações interna e externa, disposta ao diálogo e engajada na busca de soluções para os problemas que afetam toda a sociedade.

Invariavelmente, esse tipo de reflexão nos levará a duas questões que sintetizam a importância da relação da comunicação com a ética: direito à informação e responsabilidade.

A partir dessa perspectiva, a comunicação corporativa deve pautar-se pelo compromisso ético de construir canais de diálogo e pelo exercício efetivo da responsabilidade social e ambiental da empresa. A comunicação deve caracterizar-se pela verdade, pelo respeito à diversidade dos públicos interno e externo, pela eliminação do preconceito de qualquer ordem e pela manutenção de um clima favorável ao compartilhamento de informações, ideias e conhecimentos.

As empresas que melhor se espelham na ética são aquelas que se comunicam e promovem a comunicação interna e externa como uma extensão de seus princípios e valores. São as empresas que reconhecem a função estratégica da comunicação para o estabelecimento de uma gestão empresarial socialmente responsável. Apesar de intangível, a comunicação é uma das bases concretas que expressam a maneira de ser da empresa e, por isso, tem muito a ver com sua cultura.

Fala-se muito em empresa cidadã. E cidadania na empresa começa por dentro, com uma política efetiva de abertura para o diálogo e de incentivo à comunicação. Significa o funcionário sentir-se respeitado, reconhecido, valorizado e motivado a contribuir criativamente para o sucesso da empresa e, ao mesmo tempo, para seu progresso profissional e social. Significa um ambiente de trabalho propício ao intercâmbio de ideias e ao compartilhamento de informações, opiniões e sentimentos.

Certa vez, ao ser indagado por um repórter sobre a complexidade do relacionamento humano, Carl Gustav Jung disse: "Nenhum homem é uma ilha fechada sobre si; todos são parte de um continente, uma parcela de terra principal". Mais adiante, respondendo a outra pergunta, completou: "Todos os efeitos são recíprocos e nenhum elemento age sobre outro sem que ele próprio seja modificado".

A empresa tem influência direta na qualidade de vida e na formação de comportamentos e atitudes de seus funcionários, da mesma forma que seus funcionários têm influência efetiva na formação da cultura da empresa e na qualidade dos produtos e serviços que atenderão às necessidades dos clientes.

Ser uma empresa cidadã significa desenvolver a ética da comunicação plena e integral, que não se limita aos personagens diretamente envolvidos em seus negócios, mas com toda a sociedade.

A informação é um direito de todo cidadão, e o ato de se comunicar é dever de toda pessoa ou empresa que vive e se relaciona em uma sociedade.

É dentro dessa perspectiva que se consolida o conceito de empresa ética e cidadã, ou seja, a empresa que promove a democratização da informação e a abertura para a comunicação com seus públicos interno (funcionários e colaboradores) e externo (clientes, fornecedores, sociedade, sindicatos e governo).

A ética não pode ser entendida como teoria, mas essencialmente como prática de cidadania e comunicação. É uma disciplina que se orienta pelo desejo de unir o saber ao fazer. Como filosofia prática, a ética busca aplicar o conhecimento sobre o ser (o ente, a pessoa) para construir aquilo que ele deve ser. É a reflexão interior visando à ação exterior, dentro de um comportamento socialmente responsável.

No início do século XXI, o empresário Ben Van Schaik, ex-presidente da Daimler-Chrysler/Mercedes-Benz do Brasil, disse que "o futuro será das empresas que pensarem mais nas pessoas do que em si mesmas".

Na grande aldeia global do mundo digital, nós, cidadãos do planeta Terra, devemos intensificar o debate e as ações de mudança relacionadas à comunicação, à ética e à sustentabilidade, buscando a consolidação dos valores humanos nas relações familiares, pessoais, profissionais, empresariais e cívicas. Sim, nós podemos! Sim, nós devemos!

O educador e psicólogo Pierre Weil, fundador da Universidade Holística Internacional de Brasília (Unipaz), foi certeiro ao definir que "a paz é ao mesmo tempo felicidade interior, harmonia social e relação equilibrada com o meio ambiente".

28. Pausa para refletir: eu estou em mim

O profissional multifuncional, empreendedor e de alta *performance* não é um robô

▪

"O passo mais importante para chegar a concentrar-se
é aprender a estar sozinho consigo mesmo."

Erich Fromm

▪

A Biblioteca Nacional tem algumas páginas de diários dos bandeirantes que, no século XVI, penetraram nos sertões e nas matas brasileiras em busca de ouro, prata e pedras preciosas. Nessas expedições, conhecidas como Entradas e Bandeiras, eles dizimavam tribos e capturavam índios para o trabalho escravo. Em relatos técnicos e desumanos, os bandeirantes definiam os índios como "lentos e preguiçosos para executarem atividades como carregadores de provisões e minerais". Durante as longas expedições pelo interior do Brasil, muitos índios foram brutalmente martirizados e assassinados por esse motivo.

Em uma de suas palestras, o antropólogo Roberto DaMatta revelou que as expedições dos bandeirantes eram realizadas em ritmo frenético devido ao medo de serem atacados por animais selvagens ou ficarem perdidos no emaranhado das florestas. Independentemente das violentas repreensões, após determinado tempo de caminhada, os índios se agachavam e interrompiam a marcha sem nenhuma razão aparente. Muitos eram chicoteados até a morte, mas o grupo não se levantava para continuar a caminhada de jeito nenhum. Eles alegavam que, com o ritmo intenso da caminhada, suas almas ficavam para trás e eles se tornavam uma espécie de zumbis. Por isso, os índios se agachavam e esperavam a chegada de suas almas para retomar a dura e cruel jornada.

Com as devidas adequações, podemos fazer uma analogia dessa triste passagem da história de nosso país com os atuais ambientes corporativos, regrados por normas e padrões que visam à superação de metas e ao alcance de resultados cada vez melhores. De modo geral, os profissionais são induzidos a agir de forma reativa, sem pensar ou refletir sobre o sentido do que estão realizando, visando apenas à superação de metas e de resultados, muitas vezes, sobre-humanos.

O profissional multifuncional, empreendedor e de alta *performance* não é um robô. É um ser humano, que precisa de tempo e condições para refletir sobre o sentido e as consequências do que faz e do que precisa realizar.

Ao longo dos tempos, inúmeros pensadores destacaram como primordial para a vida humana a busca do autoconhecimento. Sócrates celebrizou a expressão "conhece-te a ti mesmo". Platão realçou a importância da reflexão dizendo que "o pensamento é o diálogo interno da alma consigo mesma". O filósofo austríaco Martin Buber reforçou o conceito da comunicação intrapessoal, ou seja, a necessidade do diálogo interno como algo essencial para a vida saudável e produtiva do ser humano. Ele designava a importância de "voltar-se a si mesmo" ou "dobrar-se a si mesmo" como "movimento básico dialógico para a plenitude da existência humana".

Acredito que muitas empresas e muitos profissionais deveriam buscar a criação de tempo e espaço reservados para a reflexão e o pensamento crítico. Domenico de Masi designou essa necessidade como ócio produtivo. Seria uma pausa para retomar o contato com nós mesmos e buscar o sentido e a coerência entre aquilo que somos, pensamos, sentimos e fazemos.

Temos acompanhado pelos noticiários casos aterrorizantes de crimes hediondos cometidos por pessoas consideradas mentalmente saudáveis, que agem como se estivessem fora de si. Empresas e seres humanos precisam resgatar o sentido de suas existências. Outro dia, conheci um exercício zen-budista muito interessante, que consiste em posicionar-se de forma cômoda e meditar sobre a afirmação "eu estou em mim". O escrito inglês Aldous Huxley foi lapidar ao afirmar que "há um único recanto do universo que podemos ter certeza de melhorar: o nosso próprio eu".

Os momentos de crise são propícios para o amadurecimento, a mudança de modelos de comportamento e as transformações. Governos, empresas e pessoas precisam de uma pausa para refletir, interromper a trajetória de destruição e desumanidade que o mundo parece trilhar e retomar o caminho da evolução e do desenvolvimento sustentável.

29. O despertar da consciência começa pela comunicação
A importância da palavra falada e pensada para o desenvolvimento humano

•

"Os limites da minha linguagem são os limites do meu mundo."

Ludwig Wittgenstein

•

"Uma das piores maldades que se pode fazer a um ser humano é impor-lhe o silêncio – seja pelo medo, poder ou pela violência –, decepando-lhe a liberdade de expressão, impedindo-o de se comunicar e interagir com o meio em que subsiste."

Werner Herzog

•

A ficção *O enigma de Kaspar Hauser*, baseada em fatos reais, narra a história de um homem que até os 18 anos vivia confinado em um porão escuro, apenas recebendo pão e água por um buraco na parede. Sem contato com o mundo exterior ou com pessoas, Kaspar não pôde aprender atos básicos que julgamos instintivos, como andar, falar, rir e chorar. Em seu cotidiano, restava apenas comer e dormir.

Ele foi privado da comunicação como linguagem simbólica que se utiliza da palavra como signo e possibilita ao ser humano sair da realidade factual e concreta e abstraí-la, penetrando na esfera do pensamento subjetivo, no qual é possível refletir sobre o passado, avaliar o presente e planejar o futuro.

Quando foi libertado, seu comportamento era pior do que o de um animal de cativeiro colocado em liberdade, pois ele não tinha nenhuma noção do mundo fora da escuridão e do silêncio de sua cela no porão.

O homem é um ser que fala, e a palavra é a senha de entrada no mundo humano. Pela linguagem, o homem deixa de reagir somente ao presente, ao imediato. A linguagem é, assim, um dos principais instrumentos na formação do mundo cultural, pois é ela que nos permite transcender nossa experiência. No momento em que damos nome a qualquer objeto da natureza, nós o diferenciamos do resto que o cerca. Ele passa a existir para nossa consciência. Com esse simples ato de nomear, distanciamo-nos da visão concreta do animal e entramos no mundo do simbólico.

A linguagem representa a mais alta forma de uma faculdade que é inerente à condição humana, a capacidade de simbolizar para se comunicar. A construção das sociedades só foi possível pela utilização da linguagem falada e escrita. É pela palavra, também, que o ser humano se transforma em um indivíduo pensante e atuante. O despertar da consciência na criança coincide sempre com a aprendizagem da linguagem, que a introduz, pouco a pouco, como indivíduo na sociedade, sempre em busca de interação pela comunicação.

O jornalista e poeta Mario Quintana sabia muito bem a importância da palavra para a vida cotidiana e para a evolução intelectual e espiritual das pessoas. Certa vez, em uma entrevista, falou sobre a importância da palavra escrita, pelo ponto de vista do literato: "O ato de escrever é um contínuo esforço de autossuperação. É fato consabido que esse refinamento do estilo acaba trazendo o refinamento da alma".

30. Por que será que não evoluímos no relacionamento humano?

Precisamos de tempo e espaço para humanizar relacionamentos

> "A arte de viver é simplesmente a arte de conviver...
> Simplesmente, disse eu? Mas como é difícil!"
> *Mario Quintana*

As guerras ideológicas, étnicas e religiosas; a competição predatória reinante no mercado; os conflitos familiares gerados pelo ciúme e pela ganância material; as separações entre casais que se amam, mas no dia a dia se odeiam; o egocentrismo e a vaidade intelectual que afastam o ser humano dos princípios de justiça e fraternidade; a intolerância e a incapacidade de conviver com as diferenças; a violência reativa em vez da reflexão pacificadora; a supremacia da sociedade do Ter em detrimento do Ser; a predominância da incomunicabilidade na era da informação. E, assim, caminha a humanidade; ou melhor, a desumanidade.

Essas são realidades que insistem em acompanhar a história da civilização humana. Será que a estupidez é nossa sina?

Somos seres racionais, capazes de refletir sobre experiências passadas, transformar o presente pelo pensamento lógico e planejar o futuro. Sabemos construir sistemas complexos, que sofisticam e aprimoram o conforto e o bem-estar. Temos o potencial da criatividade, que favorece invenções tecnocientíficas e tecnológicas de infinitas possibilidades.

Ora, perguntarão ETs que nos visitam desde os primórdios de nossa existência dita "inteligente", por que vocês se encontram em estágio de desenvolvimento social, ambiental e humano tão precário e degenerescente? Por que vocês destroem o planeta no qual vivem e do qual dependem para perpetuar a existência das gerações vindouras?

Realmente, falta muito bom senso ao ser humano. É impressionante como, apesar de toda a evolução do pensamento e os aparatos tecnológicos, ainda rastejamos em termos de relacionamento humano.

A sociologia, a antropologia e a psicologia social já produziram as mais diversas fundamentações conceituais para agirmos de forma mais inteligente e ponderada, seja nas dimensões coletivas, seja nas individuais. O alento espiritual proporcionado pelas religiões também poderia ter ajudado bastante o ser humano em sua busca de evolução e transcendência se não houvesse a deturpação gerada pela disputa de poder nas esferas políticas e institucionais. Aos trancos e solavancos, persistimos nos trilhos da ignorância emocional, fortalecendo os princípios do eterno retorno da barbárie e da violência autodestrutiva.

Tenho certeza de que muitos de nós, da área de comunicação, refletimos sobre a realidade descrita aqui, principalmente quando nos deparamos com obstáculos de condicionamentos culturais e comportamentais que impedem a construção de um ambiente de verdadeira comunicação e efetivo diálogo nas empresas.

Não tenho a resposta definitiva para a indagação do título deste capítulo, mas o bom senso indica que a melhoria da qualidade de vida nas empresas, nas famílias, nas cidades, nos países e no planeta passa pelo caminho da educação, da comunicação e do autoconhecimento. Vamos dar mais chances à evolução humana concedendo tempo e espaços voltados para a reflexão, o diálogo e a humanização dos relacionamentos.

31. Aja de boa-fé, que a boa-fé agirá por você
Palavras de sabedoria em grafite de rua

▪

"Para além, muito além dos egoísmos individuais, dos egoísmos de classe, dos egoísmos nacionais, é preciso abraçar, sorrir, trabalhar."
Dom Helder Câmara

▪

Há um bom tempo, usufruo da magnífica lagoa Rodrigo de Freitas, no Rio de Janeiro, correndo ou pedalando por sua orla. Faço da atividade física um momento de relaxamento e reflexão. Em 2008, chamou-me especial atenção um grafite em uma mureta que dizia: "Aja com boa-fé, que a boa-fé agirá por você".

Achei a frase de grande sabedoria, pois é simples, direta e perspicaz. Por curiosidade, iniciei a busca do autor dessa citação pelo Google. Sem sucesso, minha investigação prosseguiu em dicionários de provérbios, livros de citações e com amigos das mais diversas áreas de atuação. A maioria dizia já conhecer a mensagem, porém, não especificamente aquela frase.

Há pouco tempo, o Arnaldo Bloch descreveu em uma crônica sua odisseia para descobrir a fonte original do famoso *slogan* "O primeiro sutiã a gente nunca esquece", de Washington Olivetto. Após algumas semanas, ele chegou a algumas evidências, por meio do seu blog, de que frase já frequentava o imaginário coletivo como "o primeiro beijo a gente nunca esquece".

Da mesma forma, também apurei alguns indícios de frases similares ao grafite, como o célebre verso de São João da Cruz (1542-1591): "onde não houver amor, semeia amor e amor colherás". Ou a oração de São Francisco de Assis, nos trechos em que ressalta "[...] Pois é dando que se recebe, é perdoando que se é perdoado [...]". De qualquer maneira, a originalidade e a sabedoria do grafite na lagoa permanecem firmes e fortes.

Para nós, profissionais de comunicação corporativa, também envoltos nas turbulências da crise financeira e econômica, o sábio grafite expressa uma mensagem muito significativa e emblemática. A comunicação não pode ser confundida com imposição ou manipulação. Comunicação é relacionamento humano, é abertura para o diálogo, é o fortalecimento dos laços de confiança e união.

Para os dirigentes empresariais, a lição a ser aprendida é a comprovação da função estratégica da comunicação quando realizada de maneira participativa, transparente e orgânica. Responsabilidade social, sustentabilidade e governança corporativa não podem ser concebidas como peças de retórica de marketing, mas como valores vivenciados com consciência e coerência por todos os que trabalham na empresa.

Em 1906, o jornalista Yve Lee foi contratado por grandes empresários norte-americanos, entre eles o polêmico e execrado John Rockfeller, para prestar serviços de assessoria com o objetivo de melhorar suas desgastadas imagem pública e reputação. Conforme explica, em palestras e livros, o mestre Manuel Carlos Chaparro, "Lee estabeleceu – em carta pública dirigida à imprensa – um pequeno conjunto de regras ético-morais em favor da informação confiável. Comprometeu-se a fornecer notícias – apenas notícias – e a se colocar à disposição dos jornalistas para respostas honestas, verdadeiras, sempre que solicitado".

Novamente, a frase do grafite me vem à cabeça, e sonho alto: não seria o momento de resgatarmos a boa-fé naquilo que fazemos para superarmos o contexto internacional de crise (financeira, econômica, ambiental, social e política) com consciência e atitudes mais abertas à comunicação e ao relacionamento humano?

Com certeza, os "educomunicadores" têm um papel importante a desempenhar nesse cenário. Ajudar a transformar cada empresário, executivo, funcionário ou acionista em cidadão ativo, mais engajado no megadesafio de reconstrução mundial. Conforme destaca o documento *Aberje 40 anos – A comunicação organizacional frente ao seu tempo*, "nunca os comunicadores tiveram tanta responsabilidade à sua frente".

Não podemos esquecer as palavras e o exemplo do educador Anísio Teixeira: "cada um depende de todos e todos dependem de cada um".

32. Reaprender a se relacionar é preciso: antes tarde do que nunca

O bom relacionamento é determinado pela comunicação eficiente

■

"A empatia, habilidade de reconhecer o que os outros sentem, desempenha um papel fundamental numa vasta gama de áreas da vida. Nasce da autoconsciência. Só sendo capazes de reconhecer as próprias emoções seremos capazes de reconhecer as dos outros."

Daniel Goleman

■

Todo e qualquer relacionamento está baseado em um processo interativo, ou seja, na ação e influência recíprocas entre as partes envolvidas. É como agir afetando e, ao mesmo tempo, sendo afetado pela reação do outro. Afinal, constantemente, estamos influenciando e sendo influenciados.

O bom relacionamento é determinado pela capacidade de interagir e conviver com diferentes padrões de cultura, pensamento e comportamento. Logo, se nos comunicamos melhor, nossos relacionamentos e nossa capacidade de entendimento interpessoal serão bem melhores.

Paulo Freire procurava reforçar em suas palestras que o verdadeiro educador era aquele que buscava incentivar a busca do conhecimento pela capacidade de "leitura do mundo", fruto da riqueza dos relacionamentos humanos à procura do saber pensar e do saber fazer.

Quanto ao modo de relacionamento entre as pessoas em um grupo de trabalho, a eficácia da comunicação é determinada pela forma como as diferenças são encaradas e tratadas.

Se as diferenças são aceitas e tratadas em aberto, a comunicação flui facilmente em dupla direção: as pessoas ouvem as outras, falam o que pensam, sentem e têm possibilidades de dar e receber *feedback*. Dessa forma, com certeza, o grupo sairá ganhando, pois todos se sentirão respeitados, considerados e motivados para buscar os melhores resultados em suas atividades.

O que podemos fazer para nos relacionarmos melhor? Segundo Jiddu Krishnamurti, pensador indiano, "é preciso 'abrir mão' das crenças e dos condicionamentos limitadores do egocentrismo e reaprender a ver, a ouvir e a sentir o outro com sinceridade de propósito". Dessa forma, estabeleceremos verdadeira relação de intercâmbio e interação humana. O filósofo Maurice Merleau-Ponty costumava dizer a seus interlocutores que "a ver-

82 Comunicação Aberta

dadeira filosofia é reaprender a ver o mundo". Parafraseando-o, a verdadeira comunicação é reaprender a se relacionar.

Ainda sobre o modo de relacionamento entre pessoas em um grupo de trabalho, a eficácia na comunicação é determinada pela forma como as diferenças são encaradas e tratadas. Por exemplo: se houver no grupo respeito pela opinião do outro, se a ideia de cada um é ouvida e considerada, se os sentimentos puderem ser expressos sem repreensão ou ironia, o relacionamento entre as pessoas tenderá a ser mais espontâneo e sincero; diferentemente daquele no qual não existem troca de informações e aceitação do outro. Com certeza, o primeiro grupo sairá ganhando, já que todos se sentirão respeitados.

É preciso reconhecer a importância do *feedback* como processo de ajuda mútua. O sucesso máximo, em uma situação de reciprocidade, ocorre no momento em que, ao dar *feedback* para você, torno-me consciente de que isso também é útil para mim. Vale a pena relembrar nossa grande poeta Cora Coralina: "feliz aquele que transfere o que sabe e aprende o que ensina".

SUGESTÃO PARA MELHORIA DOS RELACIONAMENTOS INTERPESSOAIS NO TRABALHO

O bom relacionamento é determinado pela capacidade de interagir e conviver com diferentes padrões de cultura, pensamentos e comportamentos. Logo, se nos comunicarmos melhor, nossos relacionamentos e capacidade de entendimento interpessoal serão bem melhores. E, certamente, serão bem melhores os desempenhos e os resultados no trabalho.

Solicite aos membros de sua equipe que escolham um dos tópicos a seguir e o comentem em reunião:

- é preciso haver no grupo respeito pela opinião do outro;
- todos devem ter o mesmo direito para expressar opiniões, críticas e sentimentos;
- nenhuma pessoa deve ser tratada com preconceito ou ironia;
- a troca de informações e o compartilhamento de conhecimentos reforçam os laços de amizade e comprometimento por objetivos comuns;
- As atitudes amigáveis favorecem relacionamentos mais espontâneos e sinceros;
- é essencial o *feedback* para que haja efetivamente comunicação.

CONCLUINDO

Se as diferenças são aceitas e tratadas em aberto, a comunicação flui facilmente em dupla direção, as pessoas ouvem as outras, falam o que pensam e sentem e têm possibilidades de dar e receber *feedback* positivo. Dessa forma, com certeza, o grupo sairá ganhando, todos se sentirão respeitados, considerados e motivados para buscar os melhores resultados em suas atividades.

33. Crise financeira ou crise de valores humanos?
É o capital humano que garante o desenvolvimento
e progresso de empresas, pessoas e países.

> "O fator diferencial para o desenvolvimento é a qualidade
> do relacionamento interpessoal"
> *Will Schutz*

Nós, profissionais de comunicação empresarial, já estamos acostumados com as ondas de crise que servem de justificativa para o corte abrupto dos recursos para projetos em nossa área. O contexto internacional de constante instabilidade financeira e econômica dos últimos anos é a expressão máxima do esgotamento de um modelo de desenvolvimento materialista e desumano.

O termo crise financeira é aplicado a uma variedade de situações nas quais instituições ou ativos financeiros se desvalorizam repentinamente. Porém, o que podemos observar é que todo esse cenário de conturbação econômica e financeira expressa uma relação de causa e efeito muito clara: a busca desmedida do lucro gera a falta de medida dos ganhos para o bem comum.

A desvalorização crônica da verdadeira medida de relevância e sentido do lucro e do retorno financeiro expressa uma inversão de valores. O lucro e a rentabilidade financeira são importantes para garantir a perpetuidade dos negócios, que devem gerar riquezas e benefícios para a sociedade como um todo.

Há várias teorias acerca do surgimento das crises financeiras e de como evitá-las. No entanto, não há sintonia de opiniões entre economistas e tecnocratas de plantão. As crises continuam a ocorrer por todo o mundo e parecem se produzir com certa regularidade, gerando o aumento da pobreza e da miséria, principalmente, nos países que estão à margem desse contexto especulativo. Alguns dizem que as crises econômicas são inerentes ao funcionamento da economia capitalista, que se fundamenta no conceito da geração de riqueza concentrada para poucos.

Marx definiu muito bem que o capitalismo é autofágico e que, sem a evolução para um modelo mais socializado, seu destino seria a destruição da civilização humana. Pena que a teoria dele tenha privilegiado a tal da "ditadura do proletariado", uma verdadeira excrescência que motivou o genocídio em muitos países.

Para o economista bengalês Muhammad Yunus – Prêmio Nobel da Paz de 2006 –, a origem do cenário mundial de instabilidade econômica que vivemos foi o excesso de ganância, que transformou os mercados em negócios de risco semelhantes a cassinos, levando o sistema financeiro à perda da relação com a vida real. Do que adianta a riqueza na dimensão da quantidade de dinheiro e opulência patrimonial em detrimento da perda da alma e da dignidade humana? Muito mais valioso do que os dividendos monetários é o capital humano, que é a melhor garantia de desenvolvimento e progresso em todos os sentidos.

Fala-se muito em *branding*, gestão da marca e consolidação da reputação das empresas. Surfando nessa onda, muitas empresas, principalmente as de capital aberto, começaram a investir em Governança Corporativa. A partir desse princípio, destacou-se a importância da comunicação com os *stakeholders*, da sustentabilidade e da responsabilidade social. Diante da crise, os primeiros cortes de recursos atingem exatamente essas áreas.

Vamos aguardar e torcer para que todo esse contexto de crise mundial sirva para países, empresas e mercado reorientarem seus ponteiros para o índice da valorização do capital humano. Com muita comunicação e diálogo, poderemos refletir sobre as origens dos problemas que vivemos e começar a trilhar um caminho de desenvolvimento mais justo e equilibrado.

34. Vencendo a dissonância cognitiva

Nossas incoerências e contradições de estimação

▪

"Eu senti antes de pensar."
Jean-Jacques Rousseau
▪

É predominante, na missão das empresas, a referência ao compromisso com a qualidade no atendimento às demandas e satisfação dos clientes. Porém, no dia a dia do mercado, aumenta a procura aos SAC e Procon por causa das reclamações de clientes insatisfeitos. Mais do que descontentes com os serviços e produtos adquiridos, as pessoas manifestam aborrecimento pela forma mecânica e burocrática com que foram tratadas ao expressarem suas queixas e descontentamentos.

Outra situação ilustrativa é a falta de abertura ao diálogo e a pouca comunicação reinantes em áreas corporativas que deveriam primar nesses quesitos, como: recursos humanos, relações com o mercado, atendimento ao público e comunicação. E ainda, os presidentes, diretores, assessores e gerentes que se dizem líderes abertos à conversação, compartilhamento de ideias e entendimento, mas que se comportam com prepotência e agem com intolerância e arrogância no cotidiano de trabalho.

Esses são alguns casos emblemáticos definidos cientificamente pela psicologia social como "dissonância cognitiva". O tema foi celebrizado por uma crônica de Artur da Távola – no livro *Mevitevendo* (Editora Salamandra, 1977) –, na qual o autor descreveu de forma lapidar o sentimento desse conceito: "Sofro porque não sei viver o que sei da vida. Não sei fazer o que sei como é. E sei fazer e sei saber o que tantos não sabem...".

As dissonâncias cognitivas são as incoerências e contradições que cometemos diariamente, ao agirmos de forma destoante com o que pensamos ou idealizamos. É a distância entre aquilo que definimos como certo e o que fazemos de concreto. Na comunicação social, isso fica muito claro pela enorme distância entre o discurso e a prática.

Desde crianças, somos induzidos a reproduzir padrões que muitas vezes inibem nossa habilidade de pensar, refletir e agir com consciência crítica e autocrítica. O mesmo se repete nos ambientes empresariais pouco afeitos aos questionamentos e às sugestões de mudanças em suas normas e procedimentos. Ainda é predominante a realidade da máxima que diz "(...) obedece quem tem juízo". Essas distorções, entranhadas em nosso inconsciente coletivo, produzem os comportamentos autoritários e ambientes desumanos que somos impelidos a enfrentar em nossas realidades de trabalho, e que, por extensão, acabamos reproduzindo em nossas dimensões familiares e pessoais. Porém, não devemos execrar totalmente a dissonância como algo terrível.

A dissonância cognitiva foi analisada detalhadamente, pela primeira vez, pelo psicólogo norte-americano Leon Festinger, que abordou o tema como uma teoria ligada à motivação humana. A seu ver, a constatação da dissonância poderia incentivar as pessoas a buscarem a consonância entre conhecimento e ação, ou seja, o aperfeiçoamento dos pensamentos, atitudes e comportamentos.

Festinger concluiu que cognições contraditórias servem como estímulos para a mente obter ou inventar pensamentos ou valores, ou modificar conceitos e crenças preexistentes, de forma a reduzir a quantidade de dissonância (conflito) entre as cognições. Como disse Raul Seixas, "eu prefiro ser uma metamorfose ambulante, do que ter aquela velha opinião formada sobre tudo".

Se pararmos para pensar e refletir um pouco, veremos não ser possível concretizar uma realidade de qualidade de vida, dentro de um modelo único que inibe o pensamento crítico, em prol da máxima produtividade e rentabilidade. A percepção da dissonância cognitiva como algo positivo requer a abertura para o diálogo interior (intrapessoal) e exterior (interpessoal). Isso só se viabiliza pelo exercício do pensamento crítico e da reflexão individual e coletiva.

Poucas – porém expressivas – lideranças e empresas já se conscientizaram sobre essa questão e buscam, por meio de programas de educação corporativa, favorecer o exercício do pensamento reflexivo a favor da construção de uma realidade empresarial mais humana, feliz, criativa e inovadora. A busca da consonância cognitiva é um desafio para todos aqueles que acreditam que a qualidade de vida na sociedade depende do grau de ética e responsabilidade social e ambiental das pessoas e empresas que habitam o mesmo planeta.

Por meio do diálogo e do relacionamento humano podemos, e devemos, alcançar a meta da Comunicação Sem Complicação, conquista essencial para o progresso e a evolução sustentável da humanidade. Mahatma Gandhi sintetizou essa busca na seguinte frase: "felicidade é quando o que você pensa, o que você sente, o que você diz e o que você faz estão em harmonia".

35. Comunicação sem preconceitos
É preciso promover a diversidade e o respeito às diferenças

O OUTRO

"Nada existe sem o outro.
Sem o outro, tudo é nada.
O outro é.

Nós não estamos no outro.
O outro está em nós.

Cada outro abre uma porta para sermos.
Somos múltiplos outros.
Não sendo assim, multidões de outros
passam por nós, sem deixar pegadas marcantes,
tornando, nós outros, ninguém...

Assim na vida.
Assim nas corporações"

Francisco Gomes de Matos

Pesquisa realizada em 501 escolas públicas de todo o país, baseada em entrevistas com mais de 18,5 mil alunos, pais e mães, diretores, professores e funcionários, revelou que 99,3% dessas pessoas demonstram algum tipo de preconceito etnorracial e socioeconômico com relação a portadores de necessidades especiais, gênero, geração, orientação sexual ou territorial. O estudo, divulgado no dia 17 de junho, em São Paulo, e pioneiro no Brasil, foi realizado com o objetivo de dar subsídios para a criação de ações que transformem a escola em um ambiente de promoção da diversidade e do respeito às diferenças (*Agência Brasil*, 2009).

A transcrição dessa triste notícia, bastante atual ainda anos depois, chama a atenção para a necessidade de nos esforçarmos para ajudar a consolidar, na sociedade como um todo, os princípios do respeito e da convivência das diversidades humanas. Todo cidadão é um formador de opinião

88   Comunicação Aberta

e, como tal, exerce uma crucial função educativa em todos os ambientes sociais, ainda tão impregnados por preconceitos.

Algumas conceituações básicas poderão ajudar nossa reflexão: a percepção é o filtro da comunicação - a compreensão mútua só se dá quando somos capazes de compreender diferentes percepções. A ampliação da percepção se dá pelo processo de abertura para o desconhecido, a existência de outras possibilidades, de outras verdades. Para começar a conhecer algo, precisamos primeiro perceber que há algo que não conhecemos. Todo e qualquer relacionamento está baseado em um processo de comunicação entre as partes. Logo, se nos comunicamos melhor, nos relacionamos melhor. Se a questão se coloca na capacidade de comunicação, então, o que precisamos aprender para superar as dificuldades e realmente desenvolver tal habilidade?

Para responder, é bom lembrar que não há percepção sem sensação. Perceber é conhecer por meio dos cinco sentidos sensoriais. Toda informação é transmitida e recebida por eles. E, como a percepção é o filtro da comunicação, então, como primeiro aprendizado, você precisa desenvolver a capacidade de percepção sensorial. Abrir mão de crenças e valores limitantes e reaprender a ver, a ouvir e a sentir o outro com profundidade. Dessa forma, você estará respeitando o outro e estabelecendo uma relação de confiança.

A maneira de interação entre profissionais em um ambiente de trabalho é fortemente induzida pelos costumes e padrões de comportamentos reproduzidos no cotidiano das relações. Se há respeito e estímulo à manifestação de opiniões, pensamentos e ideias, haverá um claro incentivo ao compartilhamento de informações e aceitação do outro como ele é. Se as diferenças são aceitas e tratadas em aberto, a comunicação flui fácil em dupla direção, as pessoas ouvem as outras, falam o que pensam e sentem e têm possibilidades de dar e receber *feedback*.

Outro ponto importante é reconhecer a relevância do *feedback* na mudança do seu comportamento como um processo de crescimento para você e para o outro – ou seja, o *feedback* sempre pode trazer benefícios mútuos, em uma dinâmica de reciprocidade plena.

É preciso respeitar a maneira de ser, pensar e agir de cada um, dentro dos princípios democráticos de respeito ao bem comum e aos direitos humanos. Como disse Jean-Jacques Rousseau "prefiro ser um homem de paradoxos que um homem de preconceitos". Albert Einstein assegurou: "é mais fácil desintegrar um átomo do que um preconceito". Realmente, essa não é uma tarefa fácil. O ser humano tem uma forte tendência a reproduzir modelos de comportamento ditados pela cultura na qual foi criado. Porém, é na confirmação e vivificação do nosso livre-arbítrio e liberdade de escolha que podemos e devemos mudar tendências retrógradas e sair da repetição de erros históricos e desumanos de intolerâncias étnicas, raciais, sociais, ideológicas e religiosas. Para exercitar a superação dos preconceitos, sugiro a reflexão sobre uma contundente frase de Bob Marley: "enquanto a cor da pele for mais importante que o brilho dos olhos, haverá guerras".

36. Falta comunicação na sociedade da informação

A comunicação é essencialmente humana e extremamente humanizadora

■
"Ninguém vale pelo que sabe, mas pelo que faz com aquilo que sabe."
Leonardo Boff
■

Há consenso de que uma das causas principais dos insucessos nas empresas é a falta de *feedback*, o que torna as comunicações deficientes e geradoras de conflitos e improdutividade. De modo geral, as pessoas não se sentem comprometidas em dar retorno, seja por uma equivocada sensação de poder, por falta de hábito, por negligência, desvalorização do outro ou por simples falta de educação. Daí as crises crônicas de relacionamento, disputas de poder e falta de integração.

Geralmente, as escolas não educam as pessoas para a comunicação plena, que engloba as dimensões do falar, ouvir e dar *feedback*. Na realidade, tem faltado até mesmo educar para pensar. Recebemos apenas instruções técnicas, com que, em geral, somos treinados a não pensar, e, portanto, induzidos a simplesmente memorizar e arquivar informações. Privilegia-se o escutar mecânico, e não o ouvir orgânico. Não fomos incentivados a refletir sobre a relação de causa e efeito dos fatos que acontecem em nosso bairro, cidade, país, quanto mais em nosso planeta. Chega a ser raro encontrarmos um ambiente de verdadeiro diálogo nas empresas, nas famílias, nos colégios e nas universidades. É um verdadeiro contrassenso: falta comunicação na Era da Informação e do Conhecimento.

A dificuldade de se encontrar solução para os problemas ligados à falta de comunicação está exatamente na inexistência de uma educação norteada pela cultura do diálogo, pelo ato de se refletir em grupo e pensar com espírito de compartilhamento, respeitando as diversidades culturais e as ideológicas de cada pessoa ou grupo, para consolidar um ambiente de convivência das diferenças, aliás, esse é o princípio básico da democracia.

É essa falta da educação mais básica, traduzida como respeito ao próximo, que gera a falta de *feedback*, certamente um dos maiores complicadores para o sucesso da comunicação e o estabelecimento de relações duradouras. Na sociedade informacional em que vivemos, somos diariamente bombardeados por notícias dos mais variados teores e objetivos. Porém, nossa capacidade de absorver essa fenomenal quantidade de informação e transformá-la em conhecimento é muito reduzida em razão da falta de debate e discussões sobre os temas informados. A grande quantidade, somada à rapidez com que as notícias são divulgadas, não facilita a disposição para pensar ou refletir sobre tantos assuntos.

A tecnologia coloca à nossa disposição informações sobre praticamente tudo o que imaginarmos. Por meio de intranets, e-mails e blogs, podemos conversar virtualmente com pessoas do mundo todo. Porém, nenhuma tecnologia, por mais arrojada que seja, substitui a riqueza do contato humano *tête-à-tête*, olho no olho.

Lembramos mais uma vez as palavras de Tom Peters: "Na era do e-mail, do poder do supercomputador, da internet e da globalização, a atenção – uma prova de generosidade humana – constitui o melhor presente que podemos dar a alguém".

Antes de ser instrumental, a comunicação é essencialmente humana e extremamente humanizadora. De nada servem veículos e canais oficiais de comunicação interna, como intranet, jornal dos funcionários, boletim e mural de notícias, se não houver efetivamente a disposição das lideranças para o diálogo e um ambiente favorável à conversação e à troca de ideias.

Como costumo enfatizar, em sua essência, a comunicação necessita de resposta para se realizar, pois a mensagem sem retorno não é comunicação, é apenas um comunicado, pura transmissão de dados. Preocupam-se mais com a eficácia dos mecanismos de transmissão da mensagem do que propriamente com o seu conteúdo. Uma mensagem deve sempre ser capaz de promover a reflexão necessária para gerar mobilização e o retorno que se almeja. De outra forma, é difícil motivar pessoas a superarem desafios e alcançarem metas, seja na dimensão pessoal, seja na profissional.

A maioria das empresas costuma centrar a comunicação na notícia escrita, mediante circulares, boletins, memorandos, relatórios, ordens de serviço e manuais de procedimentos. É um sistema formal e frio, sem relacionamento humano, em que o emissor (gestor ou gerente) envia mensagens de cima para baixo e os receptores (funcionários), quando exigidos, respondem mecanicamente no padrão normatizado pela empresa, de forma funcional, seguindo o trajeto de baixo para cima.

É comum, inclusive, encontrarmos comunicações deficitárias em empresas com sofisticadas estruturas e diversificados produtos de comunicação empresarial, como televisão e rádio corporativas, jornais de funcionários on-line e intranet. Aliás, grande parte das informações empresariais circula hoje por meio eletrônico, como e-mails, sites, chats e blogs empre-

92   Comunicação Aberta

sariais. Mas, ao verificarmos o conhecimento real dos destinatários sobre as informações veiculadas por esses meios, vemos que o nível de ignorância é bem maior do que o imaginado. Chega-se ao extremo de alguns funcionários desconhecerem até mesmo as nomenclaturas e os objetivos dos principais projetos e os processos de sua área de atuação na empresa. O diagnóstico é claro e objetivo: falta de *feedback*, ausência de diálogo, ou seja, muita transmissão de informação e pouca comunicação face a face, pessoa a pessoa. Resultando em muitas palavras e pouco diálogo.

37. Falta de sentido e a crise em Wall Street

O alto preço da incomunicabilidade

■

"Os intelectuais têm condições de denunciar as mentiras dos governos e de analisar suas ações, suas causas e suas intenções escondidas. É responsabilidade dos intelectuais dizer a verdade e denunciar as mentiras."

Noam Chomsky

■

A falta de comunicação orgânica e a repetição de ações mecânicas, atos burocráticos e posturas tecnocráticas, em busca do lucro acima de tudo e de todos, têm levado empresas e pessoas à total falta de sentido para suas atuações e existência. A crise financeira global, iniciada em Wall Street (2008), foi a expressão mais contundente desse quadro de incomunicabilidade e falta de transparência nas intenções.

A desmesurada busca de resultados contábeis e financeiros tem isolado empresas e profissionais em uma mentalidade fechada para a riqueza do relacionamento humano que se realiza por meio do diálogo, da troca de ideias, sentimentos e emoções.

No mundo corporativo das empresas de capital aberto, privilegiam-se muito as estratégias, os programas e as medidas administrativas voltadas para a melhoria contínua da qualidade, produtividade e competitividade. Nessa linha, estabelecem-se certificações, procedimentos e normatizações, a fim de garantir os melhores desempenhos e resultados, com os menores custos. Nesse contexto, as pessoas são tratadas como peças de uma engrenagem programada apenas para o alcance de metas financeiras.

Nada contra a determinação de crescimento e rentabilidade dos empreendimentos. Muito pelo contrário, pois esse é um dos principais fatores de desenvolvimento e de geração de riqueza e renda. Porém, há um problema crucial quando a busca pelo lucro passa a ser desmedida, rompendo as barreiras da ética e do respeito ao ser humano e ao seu direito inalienável de uma existência com sentido e dignidade.

O que o funcionário pensa, sente e fala não interessa aos tecnocratas de plantão. Todavia, sem encontrar sentido para o trabalho que realiza, o homem definha e se aliena, perdendo a motivação, frustrando o potencial de desenvolvimento e estagnando o crescimento profissional.

Falências, concordatas, escândalos financeiros são algumas das consequências da visão estreita que desconsidera o ser humano, que, na verdade, é, exatamente, o fator mais importante para o sucesso e perpetuidade de um empreendimento. O escritor tcheco Franz Kafka (1883-1924) foi quem melhor soube expressar a angústia humana diante da falta de sentido da dita civilização moderna e do caráter desumano e desumanizador da burocracia. No livro *O processo*, ele narra o drama de um homem que é preso, julgado e condenado à morte, sem qualquer explicação plausível ou um motivo para tal.

Os julgamentos grotescos, frutos da burocracia inflexível dessa história, não parecem mais surreais que as manchetes nos jornais diários sobre a crise financeira mundial e os avanços e retrocessos de Wall Street. Todas essas realidades cruéis não fazem, igualmente, o menor sentido humano e social. E isso leva à carência de sentimento, à falta de bom senso, de rumos e dificulta avaliar o que somos e fazemos. Dentro da lei universal de causa e efeito, as consequências para esse quadro são as piores.

"Uma manhã, ao despertar de sonhos inquietantes, Gregor Samsa deu por si na cama, transformado num gigantesco inseto". É desse modo que Kafka inicia a história de Gregor, funcionário público que, devido a uma angustiante rotina de trabalho, desumaniza-se a ponto de virar uma barata.

Ao acordar para o trabalho, Gregor constata que "se transformou num inseto horrível, com dorso duro e inúmeras patas". Aos poucos, ele vai se adaptando à modificação física, uma metamorfose que segue provocando alterações de comportamento, atitude, sentimentos e opinião. E começa, então, a pensar e agir como um inseto repugnante, abandonando sua identidade e consciência humanas. Acaba perdendo a própria alma.

A metamorfose que Kafka nos relata não conta apenas a história de um homem que se transformou em um inseto. É, sobretudo, um alerta quanto à burocracia, à sociedade de massa e ao absurdo da desumanização do homem pela falta de sentido para sua existência.

Existem no mercado inúmeras situações kafkianas em que, para garantir a subsistência, muitos indivíduos se submetem a cruéis condições de trabalho. Algumas empresas adotam, de forma distorcida, o pensamento racional-econômico de que as pessoas rendem mais quando submetidas a disciplinas exaustivas e ambientes opressivos.

O mundo corporativo precisa rever seus valores, investindo mais em educação e cultura empresarial. É preciso compreender que responsabilidade social e sustentabilidade devem transitar pelo caminho dos valores humanos, e não pela estrada sinuosa da óptica oblíqua do mercado de capitais.

38. Más notícias ou mais comunicação

Está cada vez mais difícil acompanhar os noticiários sem se atordoar com a tempestade de informações

> "Soterrados sob o peso da informação, tomamos-na por 'conhecimento'. Por quantidade entendemos erroneamente 'abundância'. A riqueza material é confundida com 'felicidade'. Somos primatas acumulando dinheiro e armas."
>
> *Tom Waits*

O fracasso das políticas econômicas e sociais, como também as falências empresariais e amorosas, tem em comum a inabilidade do ser humano – dito civilizado – em lidar com as diferenças interpessoais, as incertezas da vida e as imprevisibilidades dos acontecimentos.

Segundo uma amiga psicanalista e diretora de RH de uma grande empresa, o ser humano – demasiadamente urbano – fica emperrado na barreira psicológica dos conflitos intersubjetivos de sentimentos e emoções. Em outras palavras, temos extrema dificuldade de compreender que a objetividade do mundo é constituída pela subjetividade de cada indivíduo. Ficamos ensimesmados, presos a um intrincado jogo de racionalizações neuróticas e egocêntricas. É mesmo necessário que seja assim!? Com certeza, vale a pena pensar e refletir sobre essa questão, seja nos planos pessoais, profissionais e empresariais, como também nos âmbitos político e social.

Está cada vez mais difícil acompanhar a diversidade de noticiários pela internet, televisão, rádio, jornal ou revista sem ficar profundamente triste e atordoado com a tempestade de informações e destaques sobre guerras e conflitos armados; crimes e abusos sexuais inclusive contra crianças; desrespeito aos valores humanos e banalização da violência; acidentes ambientais de resultados catastróficos; denúncias de desvios de verbas, corrupção e desmazelo com o bem comum; abruptas crises financeiras, frutos de um modelo de desenvolvimento econômico antiético, com consequências sociais para uma grande maioria de excluídos da dignidade de existência. Chegamos a pensar que a estupidez realmente é a sina dos seres humanos. Friedrich Nietzsche foi categórico, em sua obra *Gaia ciência*, ao ressaltar a sua grande apreensão em relação ao ser humano: "receio que os animais vejam o homem como um semelhante que perigosamente perdeu sua sadia razão animal – como o animal delirante, o animal plangente, o animal infeliz".

Mesmo constatando que as melhores soluções e superações de dificuldades são originárias da convivência pacífica e produtiva das diferenças, vivemos a realidade de um projeto civilizatório marcado pelo individualismo e pela coisificação da vida. Seja pelas opções ideológicas das vertentes de esquerda, direita ou centro, a bestialidade humana persiste e é predominante nos diversos cenários internacionais. Desde os tempos da pedra lascada, o *homo sapiens* (aquele que sabe) evoluiu muito pouco em termos de inteligência emocional, social e espiritual.

Temos uma gigantesca dificuldade em compreender e coexistir com pontos de vista diferentes dos nossos. De modo geral, gastamos todas nossas forças e energias para convencermos nossos interlocutores de que nossas opiniões e perspectivas são mais sensatas e adequadas. Dificilmente conseguimos nos colocar no lugar do outro para compreender e respeitar suas crenças, valores, motivações e pontos de vista.

Mas, nem tudo está perdido. Enquanto brilharem os olhos de uma criança e de uma pessoa entusiasmada em fazer acontecer o melhor a sua volta, ainda haverá a esperança de que podemos evoluir. Quem sabe, dedicando um pouco do nosso precioso e atribulado tempo ao ócio produtivo do lazer e da reflexão, individual e coletiva? Países, cidades, empresas, famílias e indivíduos precisam descobrir a porta de saída do cruel labirinto da sociedade de hiperconsumo, para construir uma civilização mais aberta à comunicação amorosa e ao amplo e franco relacionamento humano.

39. Vaidade: puro egocentrismo ou necessidade humana?

A vaidade é um sentimento que simplesmente tentamos negar que sentimos

"Quem se entrega à vaidade e não se entrega à meditação, com o tempo invejará aquele que se esforçou na meditação"

Provérbio budista

A palavra vaidade origina-se do latim *vanitas*, que significa qualidade do que é vão, fútil e ilusório. O dicionário Aurélio define vaidade como presunção, frivolidade e orgulho injustificado. No inconsciente coletivo da humanidade, a palavra vaidade significa o desejo imoderado de atrair admiração, atenção, elogios e homenagens.

No íntimo de cada um de nós, a vaidade é um sentimento que simplesmente tentamos negar que sentimos. Para isso, muitas vezes, somos capazes de forçar atitudes de desprendimento, tentando nos convencer de que não somos fracos ou pobres de espírito ao ponto de ficarmos cultuando nosso ego como um deus. Um deus mundano e cheio de fraquezas, como os deuses gregos.

A vida é algo inefável que tentamos inutilmente compreender e explicar de modo racional. Tentamos em vão nos convencer de que para tudo há uma explicação objetiva e sensata. E, por isso, quase sempre nos damos mal quando colocados frente a frente com fatos além da nossa capacidade cognitiva. E o ego não aceita ser passado para trás. Ele quer satisfação, quer a concretude do reconhecimento alheio para a sua suposta beleza, força e inteligência.

Quando não conscientizados dos efeitos deletérios da vaidade egocêntrica, protagonizamos situações ridículas e os mais mesquinhos sentimentos. Nesse ponto, começamos a agir partindo do pressuposto de que tudo e todos nos devem permanente interesse e admiração. A verdade é que não podemos negar que o reconhecimento pelos feitos bem-sucedidos é algo que nos motiva a sempre buscar o aperfeiçoamento naquilo que fazemos.

Não quero adotar a óptica fatalista segundo a qual a vaidade é uma fraqueza humana e pronto. Nem tampouco quero associá-la a uma questão fundamental de autoestima ou amor próprio. Gostaria de compreender, de fato, as razões e motivações que, muitas vezes, nos levam a agir de forma tacanha e limitada, inebriados pela presunção de acuidade intelectual. Até o momento, não cheguei a uma conclusão. Sei apenas que a vaidade é um sentimento que me incomoda, nos outros ou em mim mesmo. Encerro essa reflexão com algumas perguntas provocativas: será que o meu empenho em desenvolver esse texto não foi motivado apenas pela vaidade de me apresentar como um ser digno de atenção? Nesse caso, poderíamos considerar a vaidade uma espécie de busca de sentido para a nossa existência?

40. Algo muito além das formalidades

Relacionamento humano faz toda diferença

▪

"Nós somos responsáveis pelo outro, estando atentos a isto ou não, desejando ou não, torcendo positivamente ou indo contra, pela simples razão de que, em nosso mundo globalizado, tudo o que fazemos (ou deixamos de fazer) tem impacto na vida de todo mundo e tudo o que as pessoas fazem (ou se privam de fazer) acaba afetando nossas vidas."

Zygmunt Bauman

▪

Diálogo entre duas pessoas que trabalham há 20 anos na mesma empresa e costumam se encontrar diariamente no elevador, no horário de chegada ao trabalho:
— Bom dia!
— Bom dia...

▪

A incomunicabilidade é uma das principais características da era tecnológica da hiperinformação em que vivemos.

Em uma rotina marcada pelo envio de mensagens eletrônicas, é muito comum as pessoas se acostumarem a ficar na frente da tela do computador por cerca de 80% do tempo de trabalho – média percentual registrada por pesquisas organizacionais. Este público renuncia ao relacionamento humano, que poderia favorecer a melhoria da qualidade de vida e o aperfeiçoamento dos desempenhos profissionais, tanto no plano individual, como no coletivo e empresarial.

Onde houver abertura para a comunicação e o diálogo, existirá motivação para se buscar o entendimento e a corresponsabilização por metas e objetivos em comum. Isso é fato comprovado por pesquisas acadêmicas e levantamentos jornalísticos realizados por revistas voltadas para o público empresarial.

Ambientes favoráveis à comunicação estimulam a manifestação de ideias e sugestões que podem originar grandes inovações e identificar soluções para sérios impasses e conflitos interpessoais. A falta de comunicação interpessoal costuma reforçar ambientes de extrema formalidade e burocracia, propiciando situações absurdas como a de pessoas que trabalham ao lado uma da outra, mas se comunicam apenas por via eletrônica e pessoalmente não trocam mais do que um curto e formal cumprimento de rotina, como um impessoal e descomprometido "bom dia".

41. Ser e estar: questão de ordem interior

Na era do hiperconsumo, precisamos de uma pausa para retomar o contato com nós mesmos

▪

"Não tenha medo. Só quero dizer que aquilo que cada um de nós tiver de ser na vida, não o será pelas palavras que ouve nem pelos conselhos que recebe. Teremos de receber na própria carne a cicatriz que nos transforma em verdadeiros homens. Depois, é agir..."

José Saramago

▪

Na sociedade da hiperinformação em que vivemos, ser ou não ser não é a questão. O verdadeiro dilema da atualidade nos direciona para a reflexão sobre ser e estar.

Muito além da concepção espacial, que caracteriza o *estar*, o *homo sapiens sapiens* – *aquele que sabe que sabe* – precisa encontrar sentido naquilo que faz. O ser humano busca *ser* e *estar* dentro de uma relação de coerência com aquilo que sente, pensa e vive.

Estar fora de si, com certeza, não será um bom começo para encontrar aderência entre *ser* e *estar*. O poeta Manoel de Barros já dizia: "não saio de dentro de mim nem para pescar". Na busca dessa inteireza e integridade existencial, que garanta que eu não esteja em outro lugar senão em mim, tenho procurado aprimorar meu canal de comunicação interior, que também podemos chamar de intrapessoal.

A comunicação interna para as empresas e a comunicação interior para as pessoas deveriam ser valorizadas como uma das mais importantes filosofias de gestão e de vida.

Ao mesmo tempo em que devemos buscar estabelecer um bom fluxo de comunicação entre os profissionais dos diversos setores e áreas que compõem uma empresa, é imprescindível, na nossa vida pessoal, a abertura franca e contínua para a comunicação intrapessoal. Em outras palavras, para o diálogo interior que temos com nós mesmos quando refletimos sobre nossas dúvidas, perplexidades, dilemas, decisões e opiniões.

A todo momento, conversamos com nós mesmos, seja para definir e avaliar sentimentos, emoções, comportamentos e atuações, seja para emitir opiniões, formular ideias, aprofundar pensamentos e buscar compreender o sentido do que ouvimos e vivemos. São os mais variados assuntos e temas que analisamos em um verdadeiro fórum de debates, discussões, conversações íntimas, completamente imperceptíveis para quem está de fora.

Para que um conhecimento seja transformador em nossas vidas, não basta falar e argumentar sobre ele com outras pessoas. É necessário vivenciá-lo por dentro, pela óptica dos nossos sentimentos e valores, das nossas emoções, crenças e intuições, além do nosso estado de espírito.

O pensador austríaco Martin Buber é um dos que melhor definiu o sentido da comunicação intrapessoal ao desenvolver o conceito do diálogo como exigência social e existencial, com ênfase na disposição para o diálogo constante, e como aspecto intrínseco ao ser humano.

Para Buber, o diálogo é uma ação essencial do homem, baseada em dois movimentos básicos: o movimento básico dialógico, que consiste em "voltar-se para o outro", ou seja, considerar a presença do outro, dirigindo nossa atenção e exteriorizando em gestos o que a alma quer mostrar; e o movimento básico monológico, que consiste em "dobrar-se-em-si-mesmo". Considerando a existência desses dois movimentos, acontece o que ele designou como diálogo autêntico ou genuíno.

Para sobrevivermos na era do hiperconsumo, precisamos de uma pausa para retomar o contato com nós mesmos e buscar o sentido e a coerência entre aquilo que somos, pensamos, sentimos e fazemos.

Precisamos resgatar o sentido de nossas existências nas dimensões do ser e estar. Fazendo um pouco de silêncio, talvez consigamos ouvir nossa voz interior, verdadeiro GPS para localizarmos sentido em ser e estar.

Aplicada à dimensão empresarial, a filosofia de Buber se expressa pela postura das lideranças da empresa de favorecer ao máximo a comunicação interpessoal e intrapessoal. Em outras palavras, devemos favorecer o diálogo, a troca de ideias e o relacionamento humano tanto nos ambientes internos (empresa *versus* colaboradores) e externos (empresa *versus* sociedade) quanto no plano interior (a reflexão, a relação da pessoa consigo mesma).

A comunicação interna é a base para a comunicação externa, assim como a relação intrapessoal é essencial para o bom relacionamento interpessoal.

As empresas precisam aprender a criar tempos e espaços que favoreçam a comunicação intrapessoal. São momentos para as pessoas pensarem sobre o sentido daquilo que precisam fazer. Ação sem reflexão é coisa para máquinas. Isso já deveria estar mais bem compreendido e assimilado pelas empresas. Infelizmente, ainda é predominante a ausência de programas de desenvolvimento humano voltados para o exercício do pensar e da comunicação intrapessoal.

Pode parecer utopia ou até mesmo excentricidade, mas essa é uma questão de sustentabilidade, pois as empresas são feitas por pessoas. É sempre bom nos lembrarmos desse detalhe tão essencial para o sucesso das empresas.

No último parágrafo do livro *A queda*, Albert Camus faz a seguinte indagação bem sugestiva: "Não somos todos semelhantes, falando sem cessar e para ninguém, sempre confrontados pelas mesmas perguntas, embora conheçamos de antemão as respostas?".

Exercício para descomplicar a comunicação pela via da cultura do diálogo

▪

"A teoria sem a prática vira 'verbalismo', assim como a prática sem teoria, vira ativismo. No entanto, quando se une a prática com a teoria, tem-se a práxis, a ação criadora e modificadora da realidade."

Paulo Freire

▪

Discuta com sua equipe ou turma cada um dos princípios básicos da comunicação para o bom relacionamento:

- busque sempre clareza, objetividade e simplicidade na comunicação;
- expresse suas opiniões sem querer impô-las como verdade máxima e irrefutável;
- procure sempre dar uma resposta a quem lhe transmitiu alguma mensagem (a falta de *feedback* é um dos mais graves e habituais problemas à comunicação);
- busque o equilíbrio entre razão e emoção ao falar;
- foque suas críticas nos problemas, e não nas pessoas;
- escute verdadeiramente o que os outros têm a dizer;
- não perca tempo com julgamentos pré-formulados e opiniões precipitadas;
- compreenda a perspectiva dos outros, colocando-se no lugar do seu interlocutor;
- substitua a competição e a rivalidade pela cooperação e compreensão;
- fale amavelmente com as pessoas, procurando chamá-las pelo nome;
- tenha consciência que a maior parte da comunicação acontece pelas vias não verbais: nossas atitudes, comportamentos, gestos, expressões do rosto e sinais corporais;
- fique atento para o efeito das suas palavras nas emoções e sentimentos dos seus interlocutores.

O bom relacionamento é determinado pela capacidade de interagir e conviver com diferentes padrões de cultura, pensamento e comportamento. Logo, se nos comunicamos melhor, nossos relacionamentos e capaci-

104   Comunicação Aberta

dade de entendimento interpessoal serão bem melhores. E, certamente, serão bem melhores os negócios e os resultados.

Solicite aos membros de sua equipe ou alunos de turma para que escolham um dos tópicos abaixo e o comentem em reunião (este é um bom recurso para fixação da aprendizagem e de reforço à integração grupal):

- é preciso haver no grupo respeito pela opinião do outro;
- todos devem ter o mesmo direito para expressar opiniões, críticas e sentimentos;
- nenhuma pessoa deve ser tratada com preconceito ou ironia;
- a troca de informações e compartilhamento de conhecimentos reforça os laços de amizade e comprometimento por objetivos comuns;
- atitudes amigáveis favorecem relacionamentos mais espontâneos e sinceros;
- é essencial o *feedback* para que haja efetivamente comunicação.

CONCLUINDO

Se as diferenças são aceitas e tratadas em aberto, a comunicação flui facilmente em dupla direção, as pessoas ouvem as outras, falam o que pensam e sentem e têm possibilidades de dar e receber *feedback* positivo. Dessa forma, com certeza, o grupo sairá ganhando, todos se sentirão respeitados, considerados e motivados para buscar os melhores resultados em suas atividades.

CASO VERÍDICO PARA REFLEXÃO

1. Era uma empresa tradicional, com forte imagem institucional e mercadológica, reforçada por intensa publicidade.
2. Os executivos eram profissionalmente bem qualificados, sendo grande parte deles recrutados via *headhunter*.
3. A empresa tinha introduzido o planejamento estratégico e, como o mercado em que atuava era bastante disputado, a competitividade era estimulada por meio de metas ambiciosas e bônus de produtividade sedutores, o que coloca todos estimulados à ação.
4. A situação seguia sem maiores preocupações, até que os resultados, por fatores externos, entraram em crise, evidenciando uma série de conflitos interpessoais.
5. Tidos como efeitos das tensões conjunturais, refletiam, todavia, situações já existentes, não conscientizadas ou subestimadas nos momentos de euforia: a ocorrência de subgrupos fechados, liderados por "personalidades fortes", o desalinhamento nas políticas, as estratégias individualistas e a pouca conscientização quanto à cultura corporativa.

Exercício para descomplicar a comunicação pela via da cultura do diálogo ▪ 105

6. A crise, que traz em seu bojo sempre um alerta pedagógico, denunciava as fragilidades organizacionais obscurecidas. Dois dirigentes, que sempre divergiram publicamente, após forte atrito, tornaram insustentável suas permanências e foram demitidos, acirrando os ânimos. Seus substitutos, um recrutado internamente e o outro executivo de prestígio no mercado, não conseguiram estabelecer a ordem no relacionamento intra e interequipes. Seguiram-se outras demissões na estrutura média. Essa situação perdurou por cerca de dois anos, até que...

Proposta para discussão:

- como configuram o quadro apresentado quanto às principais causas geradoras do problema?
- é possível enxergar os problemas sob a óptica de uma "crise de comunicação"?
- que providências acham que deveriam ser tomadas prioritariamente?

Bibliografia

ALVES, Rubem. *O amor que acende a lua*. São Paulo: Papirus, 2002.
ANDRADE, Carlos Drummond de. *Nova reunião: 19 livros de poesia*. Rio de Janeiro: José Olympio, 1983.
ARANHA, Maria Lúcia de Arruda; MARTINS, Maria Helena Pires. *Filosofando – introdução à filosofia*. São Paulo: Moderna, 1989.
ARAÚJO FILHO, Geraldo Ferreira de. *Empreendedorismo criativo*. Rio de Janeiro: Ciência Moderna, 2007.
BAHIA, Juarez. *Comunicação empresarial*. Rio de Janeiro: Mauad, 1995.
BARTHES, Roland. *Elementos de semiologia*. 15. ed. São Paulo: Cultrix, 1992.
BAUMAN, Zygmunt. *44 cartas do mundo líquido moderno*. Rio de Janeiro: Jorge Zahar Editor, 2011.
_____. *A arte da vida*. Rio de Janeiro: Jorge Zahar Editor, 2008.
_____. *Aprendendo a pensar com a sociologia*. Rio de Janeiro: Jorge Zahar Editor, 2010.
_____. *Tempos líquidos*. Rio de Janeiro: Jorge Zahar Editor, 2006.
BERLO, David. *O processo da comunicação*. São Paulo: Martins Fontes, 1999.
BETTO, Frei; BARBA, Augênio; COSTA, Jurandir Freire. *Ética*. Rio de Janeiro: Garamond, 1997.
BLAND, Michael; JACKSON, Peter. *A comunicação na empresa*. Lisboa: Presença, 1992.
BLECHER, Nelson; MARTINS, J.R. *O império das marcas*. São Paulo: Marcos Cobra, 1996.
BOFF, Leonardo. *Crise: oportunidade de crescimento*. Campinas: Verus, 2002.

108 Comunicação Aberta

_____. *Ethos mundial*. Brasília: Letraviva, 2000.

_____. *Tempo de transcendência – o ser humano como um projeto infinito*. 2. ed. Rio de Janeiro: Sextante, 2000.

BORDENAVE, Juan Diaz Bordenave. *Além dos meios e mensagens*. Petrópolis: Vozes, 1986.

BROOKS, David. *O animal social*. Tradução Camila Mello. Rio de Janeiro: Objetiva, 2014.

BRUM, Analisa de Medeiros. *Endomarketing*. Porto Alegre: Ortiz, 1994.

_____. *Endomarketing como estratégia de gestão*. Porto Alegre: L&PM, 1998.

BUBER, Martin. *Do diálogo e do dialógico*. São Paulo: Perspectiva, 1982.

BUENO, Wilson da Costa. *Comunicação empresarial: alinhando teoria e prática*. Série Comunicação Empresarial. São Paulo: Manole, 2014.

_____. *Comunicação empresarial: políticas e estratégias*. São Paulo: Saraiva, 2009.

BURTON, Graem; DIMBLEBY, Richard. *Mais do que palavras*. 2. ed. São Paulo: Summus, 1990.

CAMUS, Albert. *A queda*. 4. ed. Rio de Janeiro: Record, 2010.

CANCLINI, Néstor Garcia. *Cultura y comunicación: entre lo global y lo local*. Argentina/La Plata: Universidad Nacional de la Plata, 1997.

CHAPELL, R.T.; READ, W.L. *Comunicação interna na empresa moderna*. Rio de Janeiro: Forum, 1973.

CHIAVENATO, Idalberto. *Administração nos novos tempos: os novos horizontes em administração*. Barueri: Editora Manole, 2014.

_____. *Comportamento organizacional – a dinâmica do sucesso nas organizações*. 2. ed. Rio de Janeiro: Campus/Elsevier, 2005.

_____. *Gestão de pessoas*. Rio de Janeiro: Campus, 1999.

_____. *Teoria geral da administração*. Rio de Janeiro: Campus, 2001.

CLEMEM, Paulo. *Como implantar uma área de comunicação interna*. Rio de Janeiro: Mauad, 2005.

Constituição da República Federativa do Brasil. São Paulo: Saraiva, 2008.

CORRADO, Frank. *Communicating with employees. Improving organizational communication*. Menlo Park: Crisp Publications, 1994.

COTRIM, Gilberto. *Fundamentos da filosofia – ser, saber e fazer*. 14. ed. São Paulo: Saraiva, 1999.

CREMA, Roberto. *Normose: a patologia da normalidade*. Coleção Unipaz. Rio de Janeiro: Vozes, 2011.

CROTEAU, David; HOYNES, William. *Media/society. Industries, images, and audiences*. Thousand Oaks: Pine Forge Press, 1997.

D'AZEVEDO, Marcelo Casado. *Cibernética e cultura*. Porto Alegre: Sulina, 1978.

DANIELS, Todd. *Perspectives on organizational communication*. 4. ed. Nova York: McGraw-Hill, 1996.

DIZARD JR., Wilson. *A nova mídia*. Rio de Janeiro: Jorge Zahar, 1998.

DOTY, Dorothy I. *Divulgação jornalística & relações públicas*. São Paulo: Cultura Editores Associados, 1995.

DOWLING, Grahame R. *Corporate reputations. Strategies for developing the corporate brand*. Londres: Kogan Page, 1994.

DRUCKER, Peter. *O melhor de Peter Drucker*. São Paulo: Exame/Nobel, 2001.

ERBOLATO, Mário. *Técnicas de codificação no jornalismo*. 5. ed. São Paulo: Ática, 1991.

FERREIRA, Aurélio Buarque de Holanda. *Novo Aurélio Século XXI: o dicionário da língua portuguesa*. 3. ed. Rio de Janeiro: Nova Fronteira, 1999.

FRANCO, Carlos Alberto Di. *Jornalismo, ética e qualidade*. Petrópolis: Vozes, 1995.

FREIRE, Paulo. *Pedagogia do oprimido*. Rio de Janeiro: Paz e Terra, 1974.

FROMM, Erich. *O medo à liberdade*. Tradução de Octávio Alves Velho. 14. ed. Rio de Janeiro: Guanabara Koogan, 1983.

GIANGRANDE, Vera. *Saber ouvir, o segredo da comunicação*. Disponível em: http://www.portal-rp.com.br/bibliotecavirtual/relacoespublicas/empresasecases/0093.htm.

GIANGRANDE, Vera; FIGUEIREDO, José Carlos. *O cliente tem mais do que razão*. São Paulo: Gente, 1997.

GLEISER, Marcelo. *A harmonia do mundo*. São Paulo: Cia. das Letras, 2006.

GOETHE, Johann Wolfgang von. *Os sofrimentos do jovem Werther*. São Paulo: Martins Fontes, 1998.

GOLDENBERG, Mirian de. *A arte de pesquisar*. Rio de Janeiro, Record, 2003.

GOLEMAN, Daniel. *A mente meditativa*. São Paulo: Ática, 1997.

_____. *Inteligência emocional. A teoria revolucionária que redefine o que é ser inteligente*. Rio de Janeiro: Objetiva, 1996.

GOODMAN, Michael. *Corporate communication for executives*. Albany: State University of New York Press, 1998.

HUNTER, James C. *O monge e o executivo – uma história sobre a essência da liderança*. Rio de Janeiro: Sextante, 2005.

KITCHEN, Philip J.; SCHULTZ, Don E. *Raising the corporate umbrella: corporate communications in the 21st century*. Nova York: Palgrave, 2001.

KOVACIC, Branislav. *New approaches to organizational communication*. Nova York: Suny Press, 1994.

110 Comunicação Aberta

KOZMINSKI, Andrzej K. *Organizational communication and management*. Nova York: Suny Press, 1993.

LACAN, Jacques. *O seminário. Livro 20, Mais, ainda*. Rio de Janeiro: Jorge Zahar Editor, 1985.

LESLY, Philip. *Os fundamentos de relações públicas e da comunicação*. São Paulo: Pioneira, 1995.

LÉVI-STRAUSS, Claude. *Tristes trópicos*. São Paulo: Anhembi, 1957.

LIPOVETSKY, Gilles. *A era do vazio – ensaios sobre o individualismo contemporâneo*. São Paulo: Manole, 2005.

LOPES, Boanerges (Org.). *Gestão em comunicação empresarial – teoria e técnica*. Juiz de Fora: Núcleo de Estudos e Pesquisas em Comunicação Empresarial, Produtora de Multimeios da Universidade Federal de Juiz de Fora (UFJF), 2007.

LOPES, Boanerges; VIEIRA, Roberto Fonseca. *Jornalismo e relações públicas: ação e reação, uma perspectiva conciliatória possível*. Rio de Janeiro: Mauad, 2004.

MALDONADO, Maria Tereza; GARNER, Alan. *A arte da conversa e do convívio*. São Paulo: Saraiva, 1999.

MATOS, Francisco Gomes de. *Empresa feliz*. São Paulo: Makron Books, 1996.

_____. *Empresa que pensa*. 2. ed. São Paulo: Makron Books, 1996.

_____. *Estratégia de empresa*. São Paulo: Makron Books, 1996.

_____. *Estratégia de renovação*. São Paulo: IOB Thomson, 2006.

_____. *Ética na gestão empresarial*. São Paulo: Saraiva, 2008.

_____. *Renovar o renovado – gestão de pessoas através do diálogo*. Barueri: Editora Manole, 2009.

_____. *Visão & parábolas – compreendendo a cultura das organizações*. Rio de Janeiro: Campus, 2004.

MATOS, Gustavo Gomes de. *A cultura do diálogo*. Rio de Janeiro: Campus/Elsevier, 2006.

_____. *Comunicação empresarial sem complicação*. 3. ed. São Paulo: Manole, 2014.

MATOS, Maria Lucia Guimarães Gomes de. *Conversando com o formador*. Rio de Janeiro: E-papers, 2000.

MATOS, Maria Lucia Guimarães de; DESSANDRE, Suely. *Encontros imprevisíveis*. Rio de Janeiro: Frutos, 2013.

MATTERLART, Armand. *La mundialización de la comunicación*. Barcelona: Paidós, 1998.

MAY, Rollo. *A coragem de criar*. 2. ed. Rio de Janeiro: Nova Fronteira, 1982.

Bibliografia 111

NASSAR, Paulo (Org.). *Comunicação interna: a força das empresas.* v. 1. São Paulo: Aberje, 2003.

NASSAR, Paulo; GOMES, Nelson. *A comunicação da pequena empresa.* São Paulo: Globo, 1999.

NEVES, Roberto de Castro. *Imagem empresarial.* Rio de Janeiro: Mauad, 1998.

NICOTERA, Anne Maydan. *Conflict and organizations. Communicative process.* Albany: State University of New York Press, 1995.

NIRENBERG, Jesse. *A psicologia da comunicação.* São Paulo: Ibrasa, 1981.

OXNER, William; CHARLAB, Sérgio. *A revolução da informação: artigos publicados no Jornal do Brasil.* Rio de Janeiro: SENAI/DN, 1995.

PESSOA, Fernando. *O eu profundo e os outros eus.* 10. ed. Rio de Janeiro: Nova Fronteira, 1980.

PIGNATARI, Décio. *Informação, linguagem, comunicação.* São Paulo: Cultrix, 1984.

POLITO, Reinaldo. *Um jeito bom de falar bem.* 2. ed. São Paulo: Saraiva, 2001.

PUCHEU, Alberto. *Poesia (e) filosofia.* Rio de Janeiro: Sette Letras, 1998.

QUINTANA, Mario. *Caderno H.* 5. ed. São Paulo: Globo, 1989.

RABAÇA, Carlos Alberto; BARBOSA, Gustavo. *Dicionário de comunicação.* São Paulo: Ática, 1987.

REGO, Francisco Gaudêncio Torquato. *Comunicação empresarial/comunicação institucional.* São Paulo: Summus, 1987.

_____. *Jornalismo empresarial.* 2.ed. São Paulo: Summus, 1987.

RODRIGUES, Denize Ferreira; MACEDO, Ivanildo Izaias de; JOHANN, Maria Elizabeth Pupe; CUNHA, Neisa Maria Martins Da. *Aspectos comportamentais da gestão de pessoas.* Rio de Janeiro: FGV Editora, 2011.

ROGERS, Everett M; AGARWALA-ROGERS, Rekha. *Communication in organization.* Nova York: The Free Press, 1978.

ROSA, Guimarães. *Tutaméia.* 4. ed. Rio de Janeiro: José Olympio, 1976.

SCHUTZ, Will. *Profunda simplicidade.* São Paulo: Agora, 1989.

TADEU, Felipe. *Certos insetos/Insekten.* Alemanha: Edition Roter Stein, 1994.

VELHO, Gilberto; KUSCHNIR, Karina. *Mediação, cultura e política.* Rio de Janeiro: Aeroplano, 2001.

VIANA, Francisco. *Comunicação empresarial de A a Z: temas úteis para o cotidiano.* São Paulo: CLA, 2004.

WEIL, Pierre; TOMPAKOW, Roland. *O corpo fala.* 59. ed. Petrópolis: Vozes, 2005.

SITES CONSULTADOS

Nós da Comunicação: www.nosdacomunicacao.com.br.

RH.com: www.rh.com.br.

Comunicação Empresarial On-line: www.comunicacaoempresarial.com.br.

Associação Brasileira de Comunicação Empresarial (Aberje): www.aberje.com.br

Site oficial Rubem Alves: http://rubemalves.com.br/site/index.php